Dieses Buch widme ich meinen

geliebten Eltern

meinen konstruktiven und hochgeschätzten Kritikern:

Vladi und Irena

meinen engsten und treusten Freunden:

Wilma, Elke, Mara, Willi und Khaled

und meinen geduldigen liebevollen Ersatzeltern:

Inge und Gerard Heinemann

4

Inhaltsverzeichnis

R.S.de Nagell

Worte zur Panikpandemie

Wer sind wir wirklich? Warum lassen wir uns so einschüchtern - ja sogar entmündigen? Warum haben wir so viel Angst?

Folgen wir dem aktuellen Beispiel des 21. Jh., so ergibt sich ein zerstörendes Bild. Die ausgemachte Panik-Pandemie erfreut jene, welche mit ergötzender Selbstherrlichkeit Verbote aussprechen und hoffen, dass das Volk diese ungeprüft übernimmt. Es werden uns unsere Freiheiten suggestive - peu à peu - entzogen und wie gewünscht; kein Mensch rührt sich und wehrt sich gegen diese erzwungene Einengung.

Das wir uns richtig verstehen: Selbstverständlich soll sich jeder vor diesem „hausgemachten" Virus schützen. Jene, die den Schutz verweigern schaden nur sich selbst. D.h. aber nicht, daß ehrgeizige Selbstdarsteller den Menschen Verbote auferlegen, welche völlig unsinnig und aus der Luft gegriffen sind. Dazu zähle ich die 25 km Regelung, als auch die Entmündigung von Kleinunternehmer. Was soll dieses Bitteschön bewirken? Was soll mit diesen willkürlichen Freiheitsbeschränkungen verhindert werden? Unverhältnismäßig sind ebenso jene Subventionen, welche großzügig versprochen werden, jedoch nur bei jenen ankommen, welche sowieso kaum Schaden nehmen. Der betroffene Kleinunternehmer bleibt wieder einmal außen vor. Der gehorsame Bürger läßt sich an den Abgrund treiben – befolgt blind jede Anordnung - steuert sogar sein Erspartes bei, bis zum Exitus.

Gemeinsam sind wir stark? Welch eine ironische Metapher zum Thema politisch gesteuerte Entmündigung. Warum lassen wir uns willenlos auf alles ein? Wie ist es möglich, dass wir Errungenschaften der Vergangenheit uns einfach wegnehmen lassen – Freiheiten, welche einst unsere Väter erkämpft hatten.

Liegt das eventuell daran, dass der Föderalismus nicht nur im Lande herrscht, sondern ebenso in unseren Köpfen. Um gemeinsam aufzutreten – kundzugeben, dass wir keine willenlosen Geschöpfe sind, welche wie Marionetten einfach als Mittel zum Zweck ausgenutzt werden können – sollten wir gegenseitigen Austausch anstreben, geschlossen für unsere Werte stehen. Regionale Demos versanden im nirgendwo.

Einzig und allein gemeinsam ertrotzt man Aufsehen und nur geschlossen sind wir stark. Erstaunlicherweise gelingt dies gerade jenen Gruppen, welche man nicht auf der Straße sehen möchte. Doch um Aufmerksamkeit zu erringen, bedeutet das zwangsläufig, solidarisch zu sein und einvernehmlich geschlossen vor die Tore der Staatsdiener zu treten. Was einst ein 68er Bündnis bewältigte – müsste heute doch auch friedlich glücken.

Nochmals: Wer sind wir wirklich? Warum lassen wir uns so einschüchtern - ja sogar entmündigen? Warum haben wir so viel Angst?

Einleitung

„Ich denke, also bin ich"? Diese berühmte Feststellung des Philosophen und Mathematiker René Descartes muss ein fataler Irrtum sein. Denn angesichts dessen, was Jahrtausende auf unserem Erdball geschieht, gilt eher das Gegenteil. Das selbstständige Denken, das emphatische Miteinander, genaues Abwägen und Schlussfolgern hat in unserer materialistischen Gesellschaft scheinbar ausgesorgt. Die Selbstherrlichkeit des Menschen sich dann auch noch „Homo sapiens" zu nennen, lässt erahnen, woher die Tendenz folgt, die gesamte Natur und alle Lebewesen einzunehmen, zu unterjochen, oder sich hemmungslos an allem zu bedienen.

Recht gebe ich dem großen Denker mit seiner Hypothese: „Das ganze Leben sei ein böser Traum". Hier zeigt sich Descartes erlebtes Traumata, welches er während dem 30-jährigen Krieg durchlitt. Allerdings konnte er nicht wissen, dass dieser Albtraum nach 400 Jahre weiter besteht. Der Mensch hat sich nicht verändert. Seine schauderhafteste und unüberbietbarste dunkle Seite vollzog sich im Zeichen des Hakenkreuzes. Der „Homo crudelis" in Aktion.

„Das Wesentliche" nicht aus den Augen verlieren und dabei mit dem Herzen denken, das sollte die Aufgabe, ja die Pflicht, eines „Homo sapiens" sein. Ein „vernunftbegabter Mensch" sondert sich nicht von seiner Umwelt ab. Er respektiert diese und achtet sie, als wertvollen Bestandteil in seinem Leben. Nach reichlicher Beobachtung und nachsinnen, erkennt der „Denker" die großen Zusammenhänge, welche das Leben ausmachen. Betrachten wir jedoch das, was wirklich geschieht, muss man von dem Gedanken eines vernunftbegabten Menschen abkommen. Gier und Neid sind seine Kapitalanlagen - nicht Respekt und Vernunft. Wer solchen niederen Beweggründen folgt, wird kaum vernünftig, sinnvoll und zukunftweisend handeln.

Nicht nur die Umwelt bedarf einer gründlichen Auseinandersetzung. Primärthemen, verbunden mit verletzenden diskriminierenden Handlungen, erfordern eine intensive ethische Grundlagendiskussion. Ein tief greifendes Nachdenken und Forschen. Mutiges Handeln und neue Ideen sind notwendig, um nahende Katastrophen abzuwenden.

Voraussetzung für einen humanen Wandel ist der harmonische Umgang mit dem Ich und der Umwelt. Nicht diskriminierende und verletzende Aktionen sind gefragt; sondern ausschließlich selbstständige, überlegte und gewaltfreie Interaktionen ermöglichen eine neue friedvolle und gerechte Welt.

Der Anreiz, etwas Zweckmäßiges zu tun, bedarf der unverblümten globalen Aufdeckung von herrschenden Missständen. Die Verachtung der Menschenrechte, die Gier nach immer mehr, Gewaltexzesse gegen die eigene Spezies und den Geschöpfen der

Natur, bringen mich dazu, den selbst ernannten „Homo sapiens", eher als „Homo crudelis" zu betrachten.

Und dennoch: Auch wenn das Unrecht zum Himmel schreit, darf nicht Gleiches mit Gleichem gesühnt werden. Gewalt gegen die eigene Spezies ist keine Lösung gegen Ungerechtigkeiten. Nur überlegte, gemeinsame friedvolle Auseinandersetzungen können diese Welt verändern.

Nach dem Motto:

Gedanken lenken Taten, deshalb denkt daran:

„BOSHAFTIGKEIT UND NEID SIND DIE SPIELGEFÄHRTEN DES TEUFELS! GEWALT IST DER GESELLE DES TEUFELS!"

(de Nagell, 2019)

Zuckerbrot und Peitsche

Tausend Jahre Drill, Gewalt, Versklavung und Ausbeutung können nichts anderes hervorbringen, als eingeschüchtertes determiniertes (anerzogenes) Verhalten. Ein Minderwertigkeitskomplex, der aufgrund psychischer und physischer Folter den Menschen bis heute begleitet.

Sicherlich, man kann die Geschichte nicht verändern, aber traurigerweise verändert die Geschichte auch nicht den Menschen. Kriege, Ausbeutung jeder Art (ökonomisch, ökologisch) beherrschen nach wie vor unsere „blühenden Landschaften".

Menschen werden als Ware versklavt und verkauft. Das gilt nicht nur für die Vergangenheit - nein; das ist heute noch so.

Erschreckend dabei: Darunter befinden sich zahlreiche Kinder! Bestes Beispiel derzeit, der Abbau von Kobalt, welches die Autoindustrie dringend für ihre E-Autos benötigt. Hier sollte mal die Umweltbewegung genauer hinsehen. Über 40.000 Kinder, allein im Kongo, schuften für die Autohersteller[1]. Sie streichen wie immer den Gewinn ein - die Bevölkerung wird als billigste Arbeitskraft missbraucht. Dabei eigenen sich Kinder hervorragend.

---

[1] Verschiedene Internetmedien berichten über diesen Kindesmissbrauch – z.B. „businessinsider.de" – focus.de – welt.de „ usw. Lediglich auf den Seiten des „umweltbundesamt.de" wird mit keinem einzigen Wort über den Abbau von Kobalt durch Kinder (ab dem 4. Lj wohlgemerkt!!!) berichtet. Das Gegenteil ist der Fall: das E-Auto wird hochgelobt. Welche Interessen werden hier wohl bedient?

Heranwachsende kann man schikanieren; denn sie können sich ja nicht wehren. Was für verdorbene Charakteren müssen hier auf den Chefsesseln sitzen. Aber leider nicht nur da. Die politischen Führer machen bei dieser beispiellosen Ausbeutung von Kindern und Erwachsenen mit.

Es bleibt Tatsache. Für den Wohlstand einer Wohlstandsgesellschaft werden viele Menschen als Arbeitssklaven bzw. Leibeigene erachtet und dementsprechend respektlos behandelt[2]. Aber wir müssen nicht in die Ferne schweifen - das Übel liegt ebenso vor der eigenen Haustüre.

---

[2] Ganz zu schweigen von den gewalttätigen Perversitäten, welche sich der „Homo sapiens" gegenüber der eigenen Spezies erlaubt – gilt gleiches brutales Verhalten ebenso gegenüber den Land- und Meeresbewohnern.

• *Der lautlose Feudalismus*

Und bitte, keiner soll jetzt behaupten, es ist alles besser geworden. Dann würde ich vorschlagen, nochmals ernsthaft über diese Annahme nachzudenken. Was hat sich verbessert? Tier, Umwelt und Mensch werden skrupellos ausgenutzt, motiviert von Gier- und Machtfantasien.

Also bitte, was hat sich verändert? Europa? Inwiefern? Die Menschen werden weiterhin ausgebeutet und beuten aus. Es scheint so, als wären nur der Staat und die profitgierigen Mitspieler klüger geworden. Sie haben aus der Geschichte gelernt und beherrschen Verschwiegenheit und Manipulation vorzüglich. „Zuckerbrot und Peitsche" bleiben die preußischen Züchtigungsmittel weiterhin, nur die Methoden haben sich verändert. Es wird jetzt effektiver manipuliert, abgelenkt und beschwichtigt.

Das Zuckerbrot ist das „moderne Leckerli" dieser Zeit (alles ist käuflich - von Billigurlaub bis Billigfleisch). Die Menschen lassen sich gerne ablenken. Jedem wird ein Stück von Glück versprochen.

Die Peitsche stellt die Abgaben dar, welche für das „Glück der anderen" zu entrichten sind. Was früher Wegelagerer, Ritter und Fürsten für den König zusammentrugen, wird heute legal und offiziell erbeutet (gehortet). Wobei es durchaus noch Länder gibt, für die mittelalterliche Methoden heute noch gelten (Bsp. England – hier bezahlen die Untertanen immer noch freiwillig dieses mehrschichtige Klassensystem. Die Macht der Königshäuser ist nach wie vor ungebrochen, ebenso ihr angehäufter Prunk). Dieser elitäre Bedienungsladen steht jedem, der Einfluss und Macht hat oder will, offen. Mit ausgefeilten psychologischen Tricks wird gekonnt abgelenkt und manipuliert.

Nun schlägt die Stunde der Populisten. Und sie haben einfaches Spiel. Die „blühenden Landschaften", die ehemals Kohl dem Ostbürger versprach, galten wohl eher den Westinvestoren, welche sich eine goldene Nase am Totalausverkauf Osten verdienten. Nach dem Vorbild der Westspekulanten begannen die eingesetzte private Treuhand und Baumogule den Osten Deutschlands zu verschachern.

Immobilien wurden aufgekauft, veredelt und die ehemaligen Mieter einfach vor die Türe gesetzt. Firmeninhaber wurden bewusst belogen und betrogen. Sie verloren ihre Existenzgrundlagen. Demnach leuchtet es ein, wenn die jungen Ostdeutschen mächtig sauer sind und sich von Regierung, sowie Investoren, verschaukelt fühlen. Allerdings sollten die „jungen Wilden" ihre Wut nicht auf imaginäre Feinde richten und sich nochmals von neuen „Heilsbringern" betrügen lassen.

Die politischen „Rächer der Nation" (die neuen rechtsgesinnten

Parteien), welche abermals blühende Landschaften versprechen, kontern nun spruchreif mit dem Zusatz „Deutschland gehört den Deutschen". Der kollektive Frust wird umgelenkt und neue Feindbilder sind ausgemacht - natürlich mal wieder religiöse und kulturelle Andersdenkende. Tatsächlich geht es den neuen Parteimitgliedern auch nur um die eigene mickrige Existenz. Sie wollen sich am Kapitaltopf bedienen und nutzen für sich die Gunst der Stunde. Und womit lässt sich am besten Stimmung machen? Natürlich mit dem passenden Sündenbock, der nun dem unzufriedenen Volk als „Judas" präsentiert wird. Heute sind es die Flüchtlinge, gestern waren es die Juden. Wer wird es morgen sein?

Und abermals geht es nur um Ablenkung. Die beste Methode, das eigene Denken und Handeln zu verschleiern. Jedenfalls hat der Selbstbedienungspalast seine Pforten für neue Kunden geöffnet. Was nichts anderes bedeutet, als dass die Einnahmen, und somit natürlich der Aderlass am Steuerzahler, weiter steigen müssen. Der Ministerstab vergrößert sich, also müssen die Leibeigenen noch mehr geschröpft werden. Solange das wunderbar funktioniert, muss sich nichts ändern. Parallelen zur Vergangenheit sind offensichtlich.

Unbemerkt bläht sich der Staatsapparat, wie ein „Michelin-Männchen", auf. Er droht bereits zu platzen. Hier wäre es an der

Zeit abzuspecken und unnötige kostenintensive Posten zu streichen. Somit könnten nicht nur Steuergelder eingespart, sondern Sinn machende Projekte finanziert werden. Auch die derzeitige Panik-Pandemie ändert daran nichts. Die angekündigten Soforthilfen betreffen auch hier lediglich jene, die sowieso bereits ihre Töpfe reichlich gefüllt haben. Bürokratie und unsinnige Auflagen lassen den Kleinunternehmer eher verzweifeln - sie fühlen sich verpflichtet ihr Erspartes zu investieren, um zu existieren. Werden die Machenschaften genauer beobachtet, erkennt man, daß die Nutznießer einer Angst-Pandemie wieder einmal jene sind, welche sowieso bereits königliche Reichtümer ergaunert haben.

Einige seriöse Politiker erkennen sehr wohl diese Machenschaften und wollen diesen kapitalistisch verschwenderischen Staatsapparat beenden und nicht weiter unterstützen. Dazu gehört eine große Portion Mut und Schneid - Zivilcourage an der es einigen mangelt. Die politisch Engagierten wissen genau, Widerspruch und Widerstand wird mit Sanktion und Ausschluss aus der Partei geahndet; denn wer sich gegen diesen Selbstbedienungsladen stellt wird verunglimpft und demoralisiert.

Spätestens jetzt wäre der Bürger aufgerufen äußerst aufmerksam zu sein und nachzuforschen, was wirklich hinter dem Rauswurf, den angeblichen Vorwürfen usw., liegt. Für den ehrlichen „Ritter der Moderne" wird es immer schwerer, dem Bürger zu dienen. Er hat gegen die eigenen Reihen zu kämpfen, und wer schon mal gemoppt wurde, weiß wie nervenzehrend und belastend so etwas für jeden ist. Eine politische Veränderung, absolute unparteiische Berichterstattung und bürgernahe Neuorientierung wäre längst notwendig.

Zu wählen ist zwar ein wichtiger Schritt, doch reicht das nicht aus. Wahlen werden für die politische Elite erst dann problematisch, wenn sie darauf reagieren müssen. Schlechte Ergebnisse bedeuten lediglich, lieb gewonnene Gewohnheiten nicht mehr fortführen zu können und alte Automatismen ablegen zu müssen (egal, für welche Partei das gilt). Außerdem müssten Gehälter und Posten sparsamer aufgeteilt werden. Eine strenge Diät wäre fällig.

Bevor eine Stimmabgabe stattfindet, sollte jeder sich die Mühe machen, gründlich Informationen über die zu wählende Person einzuholen. Diese genau zu durchleuchten und genau hinzuhören. Vor allem aber nicht alles zu glauben.

Was uns anspricht, halten wir für wahr und vergeben danach Punkte. Wahlkandidaten werden wie langjährige Gefährten behandelt, anstatt die Person infrage zu stellen. Der persönliche Freund wird abgestraft, würde er einer Lüge entlarvt. Dem wildfremden Politiker wird großzügig verziehen, als handle es sich hier um einen besonders vertrauenswürdigen Charakter[3].

Ähnliches gilt für Steuerabgaben. Während der zahlende Bürger brav seine Ein- und Ausgaben vor dem Finanzamt darzulegen hat, bleiben jene, die unsere Gelder verwalten, unbehelligt. Sie müssen weder Rechenschaft darüber abgeben, woher die Einnahmen stammen, noch wofür die Gelder verwendet werden. Wie kann das sein? Wer über das Geld anderer verfügt, wäre erst recht verpflichtet, alle Unkosten zu belegen bzw. genau zu durchleuchten, was mit den Geldern finanziert wurde und finanziert werden soll.

Nach den beispiellosen Bankenskandalen wurden die Richtlinien für Finanzinstitute verschärft. Es sollte mehr Transparenz suggeriert werden. Aber was ist passiert? Die Volksvertreter und Verwalter unserer Gelder blieben von einer Offenbarungspflicht weiterhin verschont. Die Boni sind nach wie vor unverschämt hoch und stehen in keinem Verhältnis zur Normalität. Was hält uns also davon ab, misstrauisch zu werden und die ganze Wahrheit über den Verbleib unserer Steuergelder und anderer Vorgänge einzuklagen? Stattdessen hört man: „Wir sind machtlos, es würde sich sowieso nichts ändern" usw. Was für ein Trugschluss.

Wir sind diejenigen, die bestimmte Menschen auf verantwor-

---

3 Der Lyriker Oskar Wilde sagte mal: „Die Gesellschaft ist bereit, dem Verbrecher zu verzeihen, dem Träumer nicht". Den Träumer würde ich hier als Visionär beschreiben.

tungsvolle politische Posten hieven und ihnen die Macht verlei-
hen über unsere Abgaben zu bestimmen. Die auserwählten „Angestellten des Volkes" sind ab diesem Zeitpunkt abgesichert und
werden für ihr Tun bestens vergütet. D.h. finanziell für alle Zeit
bestens (über-)versorgt. So wie es dieser Tage jedoch aussieht, ist
dem „Angestellten des Volkes" sein garantiertes Einkommen
scheinbar zu wenig. Die allseitige kapitalistische Strategie heißt,
unbedingt aufstocken und sich mehrere Einnahmequellen sichern
(z.B. als Geschäftsführer eines leitenden Unternehmens). Dennoch reicht es dem einen und anderen immer noch nicht - der
Profit soll aus allen Kanälen fließen. Zusätzlich lässt man sich
coachen, um eventuelle Skeptiker gekonnt abzuwimmeln, bzw.
abzublocken.

Unbehelligt wirtschaften Parlamentarier in die eigene Tasche und
verschwenden unsere Abgaben. Ständig werden neue Arbeitsfel-
der/-teams aufgestellt, die weitere Posten frei machen für (ver-
zichtbare) Jobs, welche nach Außen als besonders wichtig darge-
legt werden. Kontrollinstanzen nutzen nichts, da diese kontinu-
ierlich und systematisch unterbesetzt bleiben. Während die Posten der Staatsregierenden weiter aufgestockt werden, wird auf
den unteren Ebenen Personal abgebaut. Dabei handelt es sich
hier um Behörden, die von den Bürgern benötigt werden. Gerich-
te, die völlig überlastet sind, das gilt ebenso für Polizei, Gesund-
heitswesen, Bildungs- & Umwelteinrichtungen, Sozialämter oder

Kontrollinstanzen (z.B. Tierschutzkontrollen, die aufgrund Personalmangels kaum durchgeführt werden).

Man könnte von einer demokratisch verordneten Unterbesetzung für das „Fußvolk" ausgehen.

Die Folgen dieser politischen Willkür:

- konsequenter Machtmissbrauch auf den Logenplätzen

- Doppelte bis dreifache bürokratische und regelbestimmte Überforderung bei den Behörden und den Untertanen

Würde eine private mittelständische Firma so wirtschaften, wäre der Untergang längst vorprogrammiert. Aber wenn die Steuereinnahmen schön brav weiter sprudeln, ohne Murren und Meckern ausgehändigt werden, warum sollte man dann etwas ändern?

Wir könnten einiges bewegen und hätten die Möglichkeiten dazu. Allerdings müssten wir diese nutzen. Es kann nicht angehen, dass die Bevölkerung ein Leben lang Abgaben zahlt und schuftet, um schließlich festzustellen, dass am Ende der Staat die eingezahlten Gelder verschwendet und veruntreut hat. Obendrein wird die Schuld leerer Staatskassen auch noch dem Bürger in die Schuhe geschoben.

Wir müssen für gerechtere und verbesserte Lebensbedingungen kämpfen. Was könnten wir tun?

Da wäre z.B. verbesserte und gewichtigere Bürgerentscheide. Wenn über die Hälfte der Ansässigen gegen Diätenerhöhung, gegen unsinnige kostspielige Bauprojekte, gegen Tierversuchsanstalten usw. stimmen, muss diesem Beschluss Folge geleistet werden. D.h., jeder bürgerliche Mehrheitsentscheid muss Gewicht haben. Die Stimmen der Einwohner bedeuten „den Stopp" bzw. „das Aus" absurder Projekte und törichter Steuerverschwendungen.

Trotz großer Verstimmung in der Bevölkerung werden Bauvorhaben einfach durchgesetzt und somit Steuergelder zum Fenster hinausgeschmissen. Würden die Steuerzahler so mit ihrem Geld umgehen, gäbe es bald keine Steuereinnahmen mehr. Der „Goldtopf" wäre leer - was dann? Stell dir vor, das Finanzamt will Geld und keiner zahlt! Die Bürger hätten schlichtweg kein Geld mehr zu verschenken, und auch keine Lust mehr für die Fehler anderer fortlaufend zahlen zu müssen.

Nicht nur Rechtspopulisten nutzen diese angespannte Atmosphäre, politisch Gleichgesinnte gibt es ebenfalls in den tradierten Fraktionen. Sie lenken die Verdrießlichkeit - wie soll es auch anders sein - auf die „sichtbaren Anderen". Wie schon in vergangenen Epochen müssen „Sündenböcke" dafür herhalten, um Dekadenz und eigenes Versagen zu verschleiern. Die Konformisten begrüßen natürlich den ausgemachten Sündenbock. Denkfaulheit und Bequemlichkeit (nämlich Verantwortung nicht bei sich selbst suchen) fördern diese Vorgehensweise.

• *Apropos: selbsternannte Vorstadt-Sheriffs*

Natürlich ist das Volk nicht dumm. Die Menschen harren nur lange aus - bis das Fass überschwappt. Dann allerdings explodieren die Betrogenen. Wut und Zorn sind jedoch nicht die passenden Mittel, um Ungerechtigkeiten zu beenden.

Gedankenlose Wut tut selten gut und vernebelt den Blick auf das soziale Umfeld. Man wird blind für das Wesentliche, was uns alle beschäftigen sollte. Die jüngsten Gewalttaten gegen Politiker, ebenso gegen religiöse und kulturelle Gemeinschaften aus aller Welt, sind grenzenlos dumm, arrogant und unmenschlich.

Diese selbst ernannten Rächer glauben tatsächlich, dem Rest der Welt etwas Gutes zu tun, wenn sie vermeintliche Bösewichte aus dem Feld räumen. Ihr eigenes Versagen lenken sie um, indem sie nicht nur in ihr eigenes Verderben rennen, sondern mit Rufmord und Anschlägen unsägliches Leid verbreiten. Erschwerend kommt dazu, dass selbst jene, die im Staatsdienst tätig sind, diese Gesinnung noch unterstützen.

Gleiches gilt für den „hippokratischer Eid". Ist dieser nur für Rassisten zuständig? Auch hier wäre es wünschenswert, dass mehr Menschen Zivilcourage zeigen. Wegsehen, während andere diskriminiert, beleidigt oder sogar verletzt werden, versetzt alle wieder in eine erschreckende Vergangenheit.

Es wird einfach nicht nachgedacht - geschweige vernünftig gehandelt.

Zweifelsohne erkauft sich die Oberschicht der Volksvertreter, mit ihren Industriemagnaten der Wirtschaft/Industrie, schrankenlose Narrenfreiheit[4]. Finanzielle Unregelmäßigkeiten, Korruption und ungebührliche Bereicherung scheinen keine strafrechtlichen Folgen zu haben.

Selbst wenn Medien krumme Touren in den obersten Reihen enthüllen, augenscheinlich geschieht nichts - sie bleiben unantastbar. Im Gegenteil, sie erhalten neue Posten, bleiben vorerst im Hintergrund, bis Gras über die Sache gewachsen ist. Die Affäre wird quasi ausgesessen.

Klar, von Gerechtigkeit ist hier keine Rede mehr. Das legitimiert jedoch nicht dazu, die Dinge selbst in die Hand zu nehmen. Wir brauchen keine zweite RAF, sondern eine zweite „Love and Peace" Bewegung. Unser System braucht juristische und soziale

---

[4] Anzumerken ist, dass wir alle diese Narrenfreiheit zugelassen haben.

Veränderungen. Gesetzliche Schlupflöcher müssen endlich geschlossen werden, sodass ein wenig mehr soziale Fairness gelingt. Es kann nicht angemessen sein, dass dem gesetzwidrigen Bürger ziemlich sicher das Gefängnis blühen würde und der wirtschaftliche Absturz droht; wogegen „betuchte Bürger" meist unbehelligt bleiben.

Es bringt keinerlei Nutzen, Gleiches mit Gleichem zu vergelten. Selbsternannte „Vorstadt-Sheriffs" oder sogenannte „Reichsbürger" haben nicht das Recht, das Grundgesetz selbst in die Hand zu nehmen. Auch in diesem Fall kann man sicherlich nicht von einem „denkenden Menschen" sprechen. Auch wenn sich einige die berechtigte Frage stellen: „Wo bleibt die viel beschworene Demokratie, wenn Staatsoberhäupter das Volk bewusst und gewollt betrügen und belügen; einfach ihre Projekte, trotz leerer Staatskassen (ungeachtet jedes bürgerlichen Widerstandes), durchwinken und das schwer erarbeitete Schweißgeld verschwenden; um dann die Dreistigkeit zu besitzen, die selbst gemachten Schulden vom Bürger einzufordern?".

Leider ist das eine Tatsache und kein Einzelfall. Interessierte können zahlreiche Fälle selbsttätig recherchieren.

Der große Unmut ist verständlich und diese Enttäuschung ist auch bei den Parteien angekommen. Doch was geschieht? Schon wieder werden Optionen für das Volk abgewunken. Im Gegenzug hektisch zweifelhafte Zusagen formuliert. Quasi wieder einmal kleine Hundekuchen, die dem Bürger gereicht werden.

Vorsicht ihr Bürger, lasst euch nicht schon wieder mit ein paar „Leckerli" vertrösten. Es ist für jede politische Führung an der Zeit, Gelder an das Volk zurückzugeben. Es kann nicht sein, dass nur der brave Bürger bluten muss, während die hohen Herren völlig ungeniert ihre Taschen füllen. Ist das Gerechtigkeit?

Gerecht wäre:

• Politiker dürfen keine weiteren Posten beziehen (z.B. Geschäftsführer verschiedener Firmen oder stille Teilhaber sonstiger vorteilhafter Einnahmen). Wer Minister oder Staatsoberhaupt werden möchte, steht für eine verantwortungsvolle Aufgabe. Das Gehalt jedes oberen Beamten reicht vollkommen aus, um ein respektierliches Leben führen zu können. Weshalb (wie es auch für einfache Arbeitnehmer gilt) weitere Beschäftigungen gesetzlich verboten werden müssen.

• Diätenerhöhungen müssen angekündigt und der wirtschaftlichen Lage des Landes angepasst werden. Das gilt auch dafür, dass Gehälter gekürzt werden, wenn es die Finanzlage verlangt.

• Spürbare Steuersenkung, Steuererleichterung, gerechtere Steuerpolitik und Vereinfachung der Steuerabgaben [5].

• Einführung eines bedingungslosen Grundeinkommens.

• Minutiöse Darlegung der Verwendung unserer Steuergelder. Und bei Missbrauch der Gelder drohen spürbare Konsequenzen (Steuergelder sind mit einem großzügigen Kredit vergleichbar. D.h., Steuerverschwender müssen für ihren Mist, den sie gebaut haben, gerade stehen. Für z.B. unsinnige und dekadente Bauprojekte können sie nicht mehr auf die Gelder der Bürger zurückgreifen).

• Mitbestimmung der Steuerzahler über gesetzlich verbindliche Bürgerentscheide, welche zur Geltung kommen und eingehalten werden müssen.

• Außerdem wären zwei große humanistische Änderungen ebenso wichtig - nämlich:

• Klare und eindeutige Gesetzte für eine artgerechte Tierhaltung (und zwar für alle Tiere - auch sogenannten Nutztiere).

• Alle Länder, die sich weigern Flüchtlinge aufzunehmen, werden dazu verpflichtet, nach der Quotenregelung, einen erhöhten

---

[5] Was hat die jahrzehntelange Zahlungsverpflichtung dem Osten gebracht? Den hiesigen Bürgern ganz deutlich „Nichts". Die Solidaritätsbeiträge brachten lediglich wieder einmal den Immobilien-Absahnern und gierigen Investoren gutes Geld ein. Die Streichung des Solis erscheint mir als Farce und weiteres Possenspiel der Politik. Dazu gesellt sich die Übersättigung mit Vorschriften und Formularen – eine gewollte Belastung für alle? Steuererleichterung sieht anders aus.

finanziellen Aufwand pro Flüchtling an die aufnehmenden Länder zu entrichten. Die Verteilung richtet sich nach dem Mehraufwand, den dann die einzelnen Länder leisten müssen.

- ***Apropos: bedingungsloses Grundeinkommen***

Neben den erweiterten Bürgerrechten sorgt für mehr Unabhängigkeit das „bedingungslose Grundeinkommen". M.E. eine der gerechtesten und gravierendsten Idee unserer Moderne.

Jene Stimmen, welche sich dagegen aussprechen, sollten überlegen, ob hier nicht der Neid der wahre Grund des Widerstandes ist. Immer wieder hört man das Argument: „Jeder bekommt dann das Geld - auch die Reichen".

Mal ehrlich, was interessieren mich die paar Reichen[6]! Die Mehrheit des Volkes lebt am Limit. Wir sollten uns hier von Politik und Wirtschaft nicht beeinflussen lassen. Dass dieses Vorhaben dem „wohlhabenden Club der Parteien mit ihren Lobbyistenverbänden" ein Dorn im Auge ist, muss jedem einleuchten. Obwohl sie nichts zu befürchten hätten. Ihre Renten sind bereits nach ein paar Amtsperioden abgesichert. D.h. ein Politiker muss sich keine 40-50 Jahre abschuften, um dann eine Minirente zu erhalten, die dem „Ottonormal-Verbraucher" nicht einmal für ein einfaches Leben reicht. Nach einer bestimmten Anzahl von

---

[6] Sie sollten eher das „ergaunerte Vermögen" den Bürgern zurückgeben.

Dienstjahren kann „der Vertreter des Volkes" die Füße hochlegen und sich einen geruhsamen angenehmen Lebensabend bescheren. Wovor haben die Parteimitglieder dann Angst? Wohl eher um ihre profitablen Ressourcen. Womöglich müssten kostspielige Dienststellen aufgehoben werden und zu hohe Bonigehälter wären Vergangenheit. Wie gesagt: Der Staat müsste kräftig abspecken.

Weshalb es logisch erscheint, dass sich zum Thema „bedingungsloses Grundeinkommen" in den oberen Rängen Widerstand regt. Macht und Wohlstand gibt keiner gerne auf, geschweige ab. Deshalb werden jetzt krampfhaft andere Lösungen gesucht, mit denen der Bürger ruhig gestellt werden soll.

Eine gern zitierte Rechtfertigung der Mächtigen ist: „Wir arbeiten freiwillig viel länger als alle anderen". Woran mag das wohl liegen? Die Herrschsüchtigen unter den Kapitalanlegern können freiwillig ihren Thron nicht räumen. Diese „Arbeitsethik" ist kaum vergleichbar mit dem Arbeitsablauf von Werksarbeitern, Bergleuten, Straßenarbeitern, bis hin zur einfachen Putzfrau. Während der „Eine" einen Stab von Helfern delegiert (kommandiert), müssen Millionen im „Schweiße ihres Angesichts" bis zur Erschöpfung schuften. Sie haben niemanden, der ihren Job erledigen. Sie sind die Bediensteten! Es ist verständlich, dass nach über 40 Jahren schweißtreibender Arbeit, diese Bediensteten sehnsüchtig der Entlastung entgegenstreben. Folglich: Welcher Throninhaber möchte schon die lukrative Stätte seines Wirkens einfach aufgeben?

Es sollte nicht sein, dass sich wenige bereichern und viele dafür aufkommen müssen. Was würde passieren, wenn das Blatt sich wendet und jeder das bedingungslose Grundeinkommen erhält? Anstatt entlassener Arbeiter, gäbe es nun viele verwöhnte Machtmenschen, welche um ihre „garantierten guten Einnahmen" fürchten müssten. Der aufgeblähte Staatsapparat müsste in die „strikte Diät". Die Superreichen und Oligarchen der Moderne werden ihre Bediensteten verlieren und ihre lukrativen Einnahmen werden nachlassen.

Obendrein ist es unfair, dass „Staatsdiener" Anspruch auf Abfindung und Rente garantiert ist, egal wie er (oder sie) sein (oder ihr) Amt verrichtet hat. Unkündbar, eine garantierte Altersabsicherung, und je höher der Status der Verbeamtung (z.B. Ministerposten), desto weniger Arbeitszeit wird notwendig. Genauer gesagt: Hochbesoldete Staatsoberhäupter (vom Bürgermeister bis hin zum Kanzler) benötigen gerade einmal ein paar Jahre, um eine gute Rente zu erhalten [7].

---

[7] Die nötigen Amtszeiten für Rentenansprüche variieren nach Beamtenstatus. Genaue Informationen kann sich jeder aus dem Netz laden.

Wie kann es sein, dass absolute Versager weiterhin tätig sein dürfen, obwohl Beschwerden von Betroffenen eingehen und es offensichtlich ist, dass diese Person für dieses öffentliche Amt untragbar ist. An dieser Stelle möchte ich nur an jene Staatsdiener erinnern, die ihre Funktion missbrauchen und Hilfesuchende wie Aussätzige behandeln. Fast jeder Bürger hat so ein Gebaren bereits erdulden müssen, ohne die Chance etwas dagegen tun zu können. Beschwerden verpuffen im Nichts, die Autoritäten der Moderne können unbehelligt ihr Amt weiter ausüben.

Meine Erfahrungen dazu sind dementsprechend. Auch ich wurde Opfer mehrmals despotischer Amtsführung. Noch dazu an Stellen (z.B. Ausländerbehörden), welche eigentlich besonderes Einfühlungsvermögen bedürfen. Wie eine Göre wurde ich von der „Herrin des Hauses" behandelt. Angebrüllt, der Lüge bezichtigt, vor der Abteilung denunziert usw. Ein Irrwitz, wenn man bedenkt, dass wir im 3. Jahrtausend leben! Nazi-Methoden, die es nicht mehr geben sollte. Trotz Beweisen und einer Beschwerde an höchster Stelle, blieb diese Frau im Amt, durfte weiterhin die Menschen tyrannisieren und von einer Entschuldigung nichts zu vernehmen. Solche Menschen werden für ihre Handlungen erstklassig belohnt und wir dürfen das mit unseren Steuergeldern zahlen. Wie kann das sein? Wo bleibt hier Gerechtigkeit?

Tröstlich ist, dass es Abteilungen gibt, die fürsorglicher mit ihren

Besuchern umgehen. Sie leisten ihren Beitrag für die Gesellschaft. Weshalb keiner neidisch wäre, wenn sie den Lohn für ihre Arbeit erhalten.

Wiederholt möchte ich betonen: Ich habe in Diensträumen (leider nur vereinzelt) wahre Philanthropen [8] kennengelernt. Menschen, die Schicksale ernst nehmen und nicht in Schubladen werfen. Sie nehmen die Antragsteller, mit ihrer Bestimmung, ernst. Sie können Begebenheiten nachvollziehen.

Mit jenen Menschenfreunden, die ich kennenlernen durfte, pflege ich mittlerweile ein harmonisches Miteinander. Diese Persönlichkeiten würde ich gerne auf den höchsten Stufen der Politik erleben. Ihnen traue ich wahrhaftig zu, für das Volk etwas in Gang zu bringen. Ihre erste Handlung wäre wahrscheinlich drastischer Bürokratieabbau.

Gegenwärtig ersticken Beamte und Antragsteller im Formularmüll. Anstatt der ewig versprochenen Simplifizierungen trat das Gegenteil auf. Immer mehr Formularblätter für Anträge, Zuschüsse, Genehmigungen usw. Diese Antragsüberflutung von oben, stärkt in mir die Mutmaßung, die da „unten", mit Regeln und Vorschriften bewusst überhäufen zu wollen. Sodass sich kei-

---

[8] Philanthrop bedeutet Menschenfreund. Ein Philanthrop ist jemand, der die Würde des Menschen zu respektieren weiß. Den Menschen nicht als Sache oder Ding betrachtet, sondern als ein wertschöpfendes und besonderes Wesen. Z.B. ist für mich Mary Henrietta Kingsley eine wahre und bemerkenswerte Philanthropin.

ne Zeit mehr findet, über diesen Unsinn nachzusinnen. Die fleißigen Beamten sind angesichts dieser absichtlichen Papierflut völlig überfordert. Von der Mehrbelastung auf beiden Seiten mal abgesehen.

Den wahren Menschenfreund findet man in den Behörden nicht oft. Zu unserem Glück gibt es sie noch. Sie betrachten das Gegenüber nicht als weitere Belastung oder Zeitverschwendung. Sie sind fähig zuzuhören und versuchen zu verstehen. Der Antragsteller erhält ehrliche und klare Informationen. Ihm werden keine wichtigen Formalien unterschlagen. Der Vorteil dabei, beiden Parteien wird zusätzliche Mühe erspart. Unglücklicherweise besteht die Befürchtung, dass der hilfsbereite bürgernahe Beamte geht und der „harsche taktlose Beamte" die Amtsstuben bezieht. Beängstigend oder ?

Jeder kann mal einen schlechten Tag haben – gar keine Frage. Doch selbstsüchtige und überhebliche Personen, sollten von ihren Posten enthoben und entlassen werden. Was für den Rest der Welt gilt, sollte auch hier gelten. Wer schlecht arbeitet, fliegt!

In diesem Sinne widerfährt dem Steuerzahler geplanter Zynismus

[9], wenn Staatsbedienstete keinerlei Verantwortung für ihr Tun übernehmen müssen. Aber dafür eine garantierte Rente einstreichen und sich ein schönes Leben leisten können. Der Gipfel der Dreistigkeit ist dann, wenn Politiker hergehen und dem Volk eine „garantierte Rente" versprechen. Für wie dumm wird eigentlich der „zahlende Goldesel" gehalten? Wer genau hinhört weiß, dass sich nichts verändert.

Der Bürger darf weiterhin seine Jahresringe von über 40 Jahren abarbeiten, bevor er überhaupt an eine Rente denken darf. Diese Pension reicht dann trotzdem nicht, um eine einigermaßen gerechte Altersversorgung zu garantieren. Während verbeamtete Personen, mit mieser Arbeitseinstellung und -moral, sich ihre goldene Nase verdienen, bleiben Bürger moderne „Arbeitssklaven", die diesen Staat aufrechterhalten. Bedrückend ist nur: Vielen ist nicht mehr bewusst, dass alle für diese Dekadenz zahlen.

Nochmals: Das „bedingungslose Grundeinkommen" schafft mehr Gerechtigkeit auf vielen Ebenen. Der überhebliche Beamte wird

---

[9] Denn mir kam seinerseits der Verdacht auf, dass diese menschenunwürdigen Aktionen dieser Beamten Absicht waren. Nicht nur die Flüchtlinge sollten abgeschreckt werden, auch jene, die den Mut hatten, ihnen zu helfen (die kleinen privaten Haushalte! Nicht jene großen Anlagen, die plötzlich aus dem Boden schossen). Paradox dabei bleibt, zuerst wurden die Menschen aufgerufen zu helfen, nachdem dann eigene riesige Lager errichtet waren das das Geld floss, wurden die privaten Ersthelfer schlichtweg aus dem einträglichen Geschäft hinausgedrängt,. Dabei schien jedes Mittel recht zu sein. So wie es aussieht hofierte man jene die gut abgesichert waren – und keine dubiosen Mietverträge unterschrieben hatten – alle anderen mussten sich Beleidigungen und Beschimpfungen, von (anscheinend gewollt) eingesetzten Amtsfurien, gefallen lassen.

sich endlich dessen bewusst, dass es Bürger sind, die ihn bezahlen. Außerdem wären einige Posten überflüssig. D.h., dass einige Abteilungen aufgelöst werden und die eingesparten Gelder zudem zur Finanzierung des bedingungslosen Einkommens dienen. Die Gesellschaft befreit sich von Bevormundung und Entmündigung.

Mitunter stellt das Grundeinkommen eine wesentliche Erleichterung für Alleinerziehende dar. Nicht alle Männer übernehmen für ihren Nachwuchs Verantwortung. Weshalb es deshalb oftmals zu jahrelangen Auseinandersetzungen vor Gericht kommt. Mit einem Grundeinkommen müssen Frauen nicht mehr um jeden Pfennig betteln und sich demütigen lassen. Sie können gelassen abwarten, bis die Sachlage geklärt ist.

Auch Rentner könnten endlich befreiter leben - egal wie viel Jahre sie geschuftet haben. Denn 35-45 Jahre arbeiten bedeutet nicht für jeden das Gleiche. Viele mühen sich unterhalb des Lohnlimits ab und werden für ihre bescheidene Beschäftigung bestraft. Eine beispiellose Ungerechtigkeit. Für viele Geringverdiener bedeutet ein Grundeinkommen mehr Akzeptanz (jeder ist hier wichtig – die Putzfrau ebenso, wie auch der Bettler). Sie haben dann nicht mehr die Sorge, Ausgestoßene zu sein oder als Sozialschmarotzer beschimpft zu werden.

Ebenso würde sich die Arbeitswelt generell verändern. Es findet keine Ausbeutung mehr statt, da der Mensch nun in der Lage ist „Nein" zu sagen! Industrie und Wirtschaft können dann über Beschäftigte nicht mehr einfach verfügen und bestimmen. Sie müssen sich umstellen und können ihren wirtschaftlichen Profit nicht mehr unter ihresgleichen verteilen. Es steht der Mensch im Mittelpunkt und nicht mehr das Streben nach eigennütziger Gewinnmaximierung, auf Kosten der arbeitenden Bevölkerung.

Bestimmend bleibt leider die grenzenlose Ansammlung von Vermögen. Ein Geldsegen, von dem in unerfreulicher Weise nur „Superreiche" und „Politiker" profitieren. Dass damit das Waterloo aller unausweichlich ist [10] - die Menschen sich selbst zerstören - ist im Irrsinn des „Hier und Jetzt" egal.

Quasi nach dem Motto:

Jetzt ausbeuten

- Ausbeutung von Arbeitskraft

- Ausbeutung der Tierwelt

- Ausbeutung der Umwelt/Natur

Jetzt maximalen Gewinn

---

[10] Die Geschichte wiederholt sich – man denke nur an die Überheblichkeiten und Verschwendung mancher Königsdynastien, welche letztendlich zum Aufstand des Proletariats führte und zum Untergang der Feudalherrschaft. Gier und Habsucht bestehen auch im 3. Jahrtausend. Lediglich die Art und Weise, wie Reichtum ergaunert wird, hat sich verändert.

- konsequente Billigproduktion

- betrügerischer Ausverkauf von Immobilien

- Politik und Lobbyistenverbände begünstigen sich   gegenseitig, ohne Scham gegenüber dem zahlenden Bürger

Jetzt lebe ich - nach mir die Sintflut

- unverantwortlicher Umgang mit Mensch und Natur

- Politik der Kurzsichtigkeit,

- keine Strategien für langfristige Planung

So lebt und denkt man in einer profitabel Konsum- und Wegwerfgesellschaft, die nicht nur rücksichts- und erbarmungslos Tier- und Umwelt, sondern ebenso die eigene Spezies ruiniert.

„Eine Gesellschaft vergewaltigt sich selbst!"

Das könnte passé sein, wenn eine neue Zukunft für mehr Weitsicht und Gerechtigkeit sorgt. Diese Zukunft sind wir alle! Deshalb müssen wir alle dafür sorgen, dass uns die Fehler von gestern nicht einholen.

„Denken und Handeln" mit „Herz und Verstand" wäre die Abkehr vom Maximum, von Ausbeutung und betrügerischem Gewinn! Das bedeutet: keine Kinderarbeit, gerechte Verwaltung von (Steuer-)Geldern, eine freie und offene Gesellschaft ohne Maulkorb, und die Rückkehr von Respekt und Würde gegenüber jedem Lebewesen auf dieser Erde!

• *Apropos: „Homo crudelis"*

In zahlreichen Regionen herrscht täglich, ja stündlich, Gewalt und Terror. Die entrechtete Bevölkerung hat nicht gelernt, sich mutig gegen Diktatur und Terror aufzulehnen. Auf höchster Ebene beherrscht den Alltag angezettelte Gewalt und Hass. Der „Homo crudelis" bestimmt das Dasein. Von einem verständigen weisen „Homo sapiens"[11] kann man wohl kaum sprechen.

Für den Homo crudelis bleibt „Ausbeutung" das Stichwort. Theologie und Philosophie verkündeten die Unterwerfung der Natur durch den Menschen. Der Aufruf: „Macht Euch die Erde untertan" dominiert fortan eine egoistische Weltansicht; geprägt von Überheblichkeit und Dekadenz. Engstirnig nur darauf ausgerichtet, die Schöpfung zu missbrauchen und zu vergewaltigen.

Dieses begehrliche Handeln und Denken macht vor den Menschen nicht Halt. Das ist das Perverse an unserer Spezies, dass wir uns selbst die größten Schmerzen zufügen. Der Mensch ist bereit, die eigene Gattung zu vergewaltigen, zu terrorisieren, zu bekriegen, zu verstümmeln, letztendlich ganze Völker auszulö-

---

[11] „Verstehender, verständiger" oder „weiser, gescheiter, kluger, vernünftiger Mensch". Wird meist mit „vernünftiger Mensch" übersetzt.

schen [12]. Einem „vernunftbegabten nachdenklichen Menschen" traue ich das nicht zu, einem „grausamen Menschen" schon. Bis heute herrschen sinnlose Gewalt und sadistischer Missbrauch. Überall auf der Welt!

Die Religionen dieser Welt sollten sich endlich auf ihren Auftrag konzentrieren: Und zwar Barmherzigkeit und Liebe verkünden, anstatt Glaubenskriege anzuschüren; Armut und Demut sollten ihre Türen schmücken, nicht blutgetränkte Paläste die Wohnstätten sein. Nach ihrem Vorbild „Jesus von Nazareth" sollten sie Güte im Herzen tragen gegenüber allen Geschöpfen dieser Welt.

Ein überlegt und gütig Handelnder lässt sich nicht dazu instrumentalisieren, der Gesinnung eines raffgierig sadistischen Machtbesessenen zu folgen. Der „denkende Mensch" ist fähig zu reflektieren, er lernt aus der Geschichte. Habgierige Menschen erwägen weder die Folgen ihres Handels, noch denken sie darüber nach, bis zu welchem Grad ihr Verhalten ethisch annehmbar wäre.

Es muss sich einiges verändern - nicht morgen oder übermorgen. Es ist Zeit für den „denkenden Menschen". Sein menschenwürdiges und besonnenes (gewaltfreies) Handeln könnte eine neue

---

[12] Der gezielte Genozid scheint für manche Machtinhaber der einzige Weg, ihre Willkür deutlich zu machen und Angst zu schüren. Rassismus pur!

Epoche einläuten. Die wahrhaftige Periode des „Homo sapiens".

Geschieht nichts; wird weiterhin gemordet, müssen weiterhin Kinder an Hunger sterben, werden Tiere massenhaft gequält, werden fleißige Bürger ausgebeutet. Das Ende vom Lied wäre eine soziale Revolte. Es werden die Verdrossenen sein - die Vergessenen unserer Gesellschaft - die sich gegen Dekadenz und Völlerei auflehnen, aber auch Schuld auf sich laden.

Doch die Geschichte muss sich nicht wiederholen. Jeder sollte sich dessen bewusst sein, dass alle für die Geschicke des Landes verantwortlich sind. Auch dafür, wem sie die Staatsgewalt zum Regieren erteilt, beziehungsweise zulässt, dass ein Selbsternannter die Macht an sich reißt.

Fazit:

-   Solange Rassismus und Grenzen diese Welt beherrschen; gibt es auch diejenigen, die glauben besser als die anderen zu sein und erliegen dem Wahn von Fremdenhass und Abgrenzung.

-   Solange es Religionen gibt, die Hass sähen, anstatt Frieden; wird es Gläubige - ja sogar Nationen - geben, die blind in ihr Verderben rennen. Militärische Auseinandersetzung aufgrund des Glaubens dürfte es gar nicht geben!

-   Solange Begehrlichkeiten die Geschicke eines Landes lenken und gewiefte Staatenlenker ihre Taschen füllen, anstatt das Wohl der Menschen im Blick zu haben (schließlich wäre das der Regierungsauftrag); wird es überall auf dieser Welt Unruhen geben.

-   Solange die Gier des Menschen nach kolossaler Expansion anhält; wird es Finanzkrisen, Bankenskandale, Umweltsünden und grenzenlose Gewalt gegen die eigene Rasse geben.

-   Solange Verschwendung, als Medienereignis, Zuschauer vor die Flimmerkisten lockt, wird es blinde und taube Passagiere auf dem „Luxusschiff Erde" geben [13].

Und zu guter Letzt:

-   Solange Mitläufer weghören & -sehen; anstatt hinzuhören & -sehen; wird es weiter unkontrollierte Freveltaten geben.

-   Solange es jedoch auch jene gibt, die grauenvolle Taten ausüben (aufgrund von Befehl und Gehorsam); oder aus angeborener oder erlernter Neigung heraus (indem sie anderen gerne Schmerzen zufügen [14]); wird unsere Welt keinen Frieden finden.

---

[13] Es gibt offensichtlich eine große Anzahl an Zuschauer, die sich an Soap-Operas erquicken, in den Millionen für einen Kindergeburtstag ausgegeben werden, während Millionen von Kindern sterben. Wie kann das sein?

[14] Z.B. die gefügigen und fanatischen Mitläufer der Diktatoren. Diese Schlächter, Henker, Verfolger sind meist noch grausamer als die Despoten selbst.

Es sind die Empörten, die etwas Neues zustande bringen. Die Etablierten und Gehorsamen sind ihre Begleiter. Jeder erfüllt seinen Auftrag. Es ist nur wichtig, dass die Angepassten und Braven nicht den Überblick verlieren. Wenn es hart auf hart kommt, geben sie ihre Persönlichkeit auf und ordnen sich uneingeschränkt dem „Widerständler" unter. Spätestens jetzt wird der Begleiter blind und taub. Er sieht und hört nichts mehr – er gehorcht nur noch.

Dem Machtmissbrauch sind nun Tür und Tor geöffnet. Wer einmal über Herrschaftsgewalt verfügt, den lässt sie nicht mehr los. Der Rebell wird bestrebt sein, seine Autorität aufrechtzuerhalten und auszuweiten. Ergo ist es für jeden Weggefährten (Zivilist) wichtig Augen und Ohren stets offen zu halten, um notfalls einzuschreiten und Unheil abzuwenden.

Wie gesagt:

„Habt den Mut zu widersprechen, Außenseiter zu sein, Korruption und Lügen aufzudecken"

und

„Habt den Mut mit den Herzen zu denken", um sich und andere zu schützen.

Denk mit dem Herzen

Tun und Lassen

• *Sexueller Missbrauch und die Prügelstrafe*

Generationen von Menschen erlebten Unterdrückung, Versklavung, Folter und Hinrichtung. Das hart arbeitende Volk hatte keine Zeit sich Gedanken über Kinderarbeit oder deren Missbrauch zu machen. Alle waren Marionetten der Herrscher und mussten sich ihren Willen unterwerfen. Emotionen zu haben war zu Feudalzeiten wohl Luxus und eher ein Vorrecht der Adligen und Reichen. So muss es einen nicht wundern, dass die Emotionsarmut in unseren Breitengraden ebenso normal ist, wie Gewalt gegenüber Schwächeren.

Gefühle zeigen, geschweige zulassen, scheint besonders in raueren Klimazonen auffällig. So waren die Fronarbeiter nicht nur von den Regenten ihres Landes abhängig, sondern ebenso vom Wetter. Hungersnöte, Seuchen und Willkürherrschaft verhärteten die Bevölkerung. Schwierig war es, jähzornige Hoheiten richtig einzuschätzen. Einen Landesfürsten mit unerwünschten Regungen zu erzürnen, das sollte man lieber lassen. Möglichst unauffällig bleiben, war die ländliche Überlebensstrategie. Gefühle zu zeigen, das hätte dem Untertan sein Leben kosten können. Lachen an der falschen Stelle, zu viel Worte, selbst ein verschüchtertes Lächeln konnte das Aus bedeuten.

Härte und Gewalt beherrschte den Alltag eines Leibeigenen. Es ist daher nicht verwunderlich, dass die Prügelstrafe Jahrtausende gang und gäbe war. Vor allem die Schwachen der Gesellschaft litten unter der Eiseskälte diverser Despoten. Der sexuelle Missbrauch war Normalzustand!

Despotisches Verhalten manifestierte sich über Generationen. Unverbesserliche verweisen auf die Geschichte und berufen sich darauf, dass körperliche Züchtigung und sexueller Missbrauch zum Alltag gehörten. Diese Denkmuster lassen sich schwerlich abschaltet. Sie sind ein Stempel, welcher alle Dimensionen von Humanität auflöst.

Bestrebungen das Phänomen überzeugend zu begründen glückt den Wissenschaftsdisziplinen nicht. Es gibt keinen passenden Schlüssel zum „Geistwesen Mensch". Sein hochkomplexes Denken und Handeln ist eine Herausforderung für jede Forschung.

So lässt sich kaum begründen, dass einige Täter, die selbst Opfer eines albtraumhaften Vergehens geworden sind, dazu neigen, das Erlebte zu verdrängen und den erlebten Exzess schön zu reden. Sie werden vom Opfer zum Täter. Dennoch sind Abweichungen bekannt.

Ab und an gibt es minderjährige Opfer von Gewalt, die sich gänzlich anders verhalten. Ihr Wesenszug widerspricht der üblichen Opfer-Täter-Charakterisierung. Sie werden nicht zu Tätern, eher zu Verfechtern gewaltloser friedlicher Herangehensweise. Sie trachten nicht danach, selbst Täter zu werden und lehnen Gewalt entschieden ab.

Jene, die den zornigen unversöhnlichen Weg einschlagen, legen sich viele Beschönigung zurecht. Im Zuge dessen verleiten sie andere dazu ihre kriminellen Handlung zu verharmlosen, um ihr abstoßendes Verhalten zu verteidigen.

Dieses Kalkül einer abnormalen und perversen Praxis von (männlicher) Gewaltherrschaft, ordnet Genitalverstümmelung [15] bei jungen Mädchen an, um diese kontrollieren zu können. Mädchen und Frauen werden pauschal als wertlos betrachten, weshalb es gestattet wird, Mädchen und Frauen wie einen Sack Müll wegzuwerfen oder zu verbrennen und zu verstümmeln. Der sexuelle Missbrauch von Kindern und Frauen gehört global [16] zum Alltag - ist angestammtes männliches Recht - und wird als üblich bezeichnet. Unrechtsempfinden gibt es in Bezug auf die Weiblichkeit nicht.

---

[15] So etwas Grauenvolles können sich nur Männer mit erheblichen Minderwertigkeitskomplexen ausdenken, welche ihre perversen Fantasien auf diese Art und Weise ausleben. Woher das nun stammt, stellt sich zu einem anderen Thema. Gestört ist dies Art von Barbarei, Abartigkeit und kranken Verirrung allemal.

[16] Global deshalb, da auch unsere europäische Strafverfolgung solche abscheulichen Taten nicht verhindert.

Allein die Tatsache, dass sich Männer weiterhin das Recht herausnehmen, Frauen schlagen zu dürfen, ihnen nicht die gleichen Rechte zustehen, Vergewaltigung als Bagatelle betrachtet wird [17] - allein diese Tatsache zeigt, wie krank unsere Gesellschaft tatsächlich ist.

Betroffen macht mich auch die Gesinnung manch einer Mutter gegenüber ihrem Nachwuchs. Wie kann eine Mama eifersüchtig auf ihre Kinder sein und vor lauter Hass es dulden, dass wildfremde kranke Männer ihr eigen Fleisch und Blut missbrauchen, verstümmeln oder andere schreckliche Dinge antun? Wie kann das ein Elternteil (oder beide Eltern) zulassen?

Oftmals hört man, dass finanzielle Not, Habgier oder einfach nur Süchte dieses Handeln rechtfertigen. Doch das alleine kann es nicht sein. Gewaltexzesse gegenüber der eigenen Brut sind kein Phänomen, sondern beherrschen die Menschheit seit Generationen.

Die Gewohnheit Schwächere zu malträtieren, beginnt m.E. mit der Sesshaftigkeit und den damit verbundenen Beginn von Hab und Gut. Abgrenzung und das Monopol gottgleicher Prediger verführten die Sesshaften dazu, Eigentum zu verteidigen und Mythen zu folgen. Wie gesagt: „Macht besitzen Götter und die

---

[17] Von den entsetzlichen Kriegsverbrechen will ich jetzt gar nicht reden.

Menschen streben seit jeher danach diese Fiktion sich zu eigen zu machen". Macht wiederum verleitet zu dessen Missbrauch. Und schon beginnt ein Teufelskreis. Missbrauch führt zu Tyrannei, Unterdrückung, Gewalt - schließlich zum Aufstand des Volkes. Dieses (teuflische) Schneeballsystem behauptet sich bis heute.

Was muss eintreten, damit diese Gewaltexzesse enden? Die beste Heilung wäre, wenn die Gesellschaft von Generation zu Generation „gesunden" würde. Möglich wäre dies, wenn die kommenden Jahrgänge ohne Gewalt aufwachsen und lernen angstfrei zu leben. Eine stressfreie Kindheit, in der der Nachwuchs ohne Ängste und mit genügend Selbstwertgefühl heranwachsen darf. Hier wäre eine ebenso gesunde Pädagogik von Nöten.

Zwar formiert sich gehäuft allseitig Widerstand gegen Gewalt und Missbrauch - doch weiterhin werden Millionen Frauen und Kinder psychisch und physisch verstümmelt. Nicht umsonst heißt es, so wie man mit seinen Mitgeschöpfen (Tieren und Natur) umgeht, so behandelt der Mensch seinesgleichen. Sexueller Missbrauch an Minderjährigen ist hierbei das Abstoßendste, was Menschen sich selbst antun können.

Gewalt an Tieren ist eine Gegebenheit, die in unserem Gesellschaftssystem tabuisiert und bagatellisiert wird. Irgendwann geschieht dann das Unbegreifliche. Der Übergriff vom Tier zum Menschen ist dann fließend. Die großen Denker der Antike sind ein blühendes Beispiel für den „freien sexuellen Missbrauch" aller Lebewesen. Als sogenannte Knabenführer war es nicht verächtlich, auch sexuell mit dem Zögling (meist Knaben) zu verkehren. Es diente der Erwachsenenbildung, so die antike Argumentation. Der Missbrauch jedoch diente ausschließlich der Begierde der Täter, welche heute noch diese Ausrede nutzen. Fazit: Zu jeder Übeltat findet sich die passende Erklärung!

Haarsträubend ist die Tatsache, dass ein Forum im Dark-Room errichtet wurde, in dem sich Übeltäter herumtreiben und sich bewusst ein beliebiges Kind kaufen. Das zeigt das morbide Verhalten eines Zirkels von Subjekten. Den Missbrauch der eigenen Saat [18] findet man in keiner Tierfamilie, nur der Mensch scheint zu so etwas Unbegreiflichen fähig. Geschäfte mit den eigenen Kindern machen, zusehen, wie das eigene Kind leiden muss (selbst Babys sind diesen Psychopathen ausgeliefert) - welch eine Schande für die Spezies Mensch. Abgesehen von den psychischen und physischen Traumata führt Missbrauch bedauerlicherweise zur nächsten Tätergeneration.

Wenn Körper Gedächtnisse sind, was ist dann der Geist - das im-

---

[18] Hiermit meine ich ausdrücklich sexuellen Missbrauch – nicht die (angeborene) Tötung von Jungtieren, wie es bei Löwen der Fall ist.

periale Gedächtnis? Was geschieht mit der Psyche eines Kindes, wenn es missbraucht und misshandelt wird? Hier fehlen ausreichende Antworten.

Alle traurigen Fehlstörungen beiderlei Geschlechts; die Kinder verkaufen und missbrauchen; haben jedwedes Mitleid und Mitgefühl gegenüber den Opfern verloren. Angesichts dessen scheint die Prügelstrafe harmlos. Der Schein trügt: Missbrauch und Züchtigung von Schutzbefohlenen gehen oftmals Hand in Hand. Der Übergang vollzieht sich schleichend. Beide Formen von Misshandlung haben mit Gewalt zu tun.

Was Gewaltexzesse (wie die Prügelstrafe) bei Kindern und Jugendlichen auslösen, zeigt die Geschichte. Traurige gehorsame Marionetten, die sich für den Staat in den Tod stürzen, die alles glauben, was ihnen vorgetragen wird - selbst wenn es dem gesunden Menschenverstand widerspricht. Kinder zu züchtigen ist einfach, sie können sich nicht wehren. „Warum und Wofür" diese Gewalt eingesetzt wurde (und wird), darüber dachten vor allem die Peiniger kaum nach. Machtgenuss und Demütigung sind die Triebfedern dieser Kindersadisten. In einigen Ländern unterstützt und legitimiert von Staat und Kirche.

Diese gestörte Sichtweise, gegenüber dem eigenen Nachwuchs,

ist bei den Sem-Roma [19] nicht bekannt. Wer einmal mit dieser Ethnie in Kontakt kam, weiß, dass Sem-Roma-Frauen ihre Kinder niemals verkaufen, oder sogar sexuellen Missbrauch zulassen würden. Ihre Stärke liegt darin, dass sie mutig genug sind, die „Rahmenbedingungen" zu prüfen und notfalls zu verweigern. Der Sem-Roma-Clan verweigerte energisch die körperliche Züchtigung; welche Jahrtausende in unserer Menschheitsgeschichte etabliert war. Immer noch gibt es Unverbesserliche, die meinen, Schläge würden dem Kind nicht schaden.

Warum gibt es Menschen, die den Streit suchen. Deren Kontrollzwang so weit geht, alles um sie herum zu bespitzeln, zu ermahnen, zu diskreditieren und, wenn diese Maßnahmen nicht fruchten, vor Gewalt nicht zurückschrecken. Ein unkontrollierter Nachbar, der glaubt andere Maßregeln zu müssen. Sieht man hinter die Fassade dieser Existenzen, erkennt man, dass für diese Person Gewalt alltäglich war. Sie durchlebten ein Gewaltszenarium - von der Kindheit über die Ehe hinaus. Doch ihr Zorn übertrug sich auf ihr Umfeld, welches sie nun ihrerseits tyrannisieren. Hinterfragt man dieses Handeln, heißt es meist lapidar: „Mir hat's auch nicht geschadet".

---

[19] Das indogermanische Wort „Sem-Roma" – einheitlich, gemeinsam Roma – dient als Terminus für alle auf der Welt lebenden Gruppen und Subgruppen der Sinti und Roma. Sie dazu „Vorurteil und Bildung" von R. Schickl, 2015.

Doch sie irren. Leider wollen jene nicht merken, wie sehr es ihnen geschadet hat. Zumindest haben auch sie an Empathiefähigkeit eingebüßt. Wäre Mitgefühl nicht verloren gegangen, käme es nicht zu extremen Taten, wie Selbstmordattentate, Völkermorde, grauenvollen Kriegsverbrechen, oder rassistische Übergriffe auf Minderheiten. Stattdessen siegt der Zorn über das Erlebte, und der Wille andere dafür büßen zu lassen. Selbst wenn es unschuldige Menschen oder die eigenen Kinder sind.

Dieses Schicksal blieb den meisten Sem-Roma-Kindern erspart. Ihre Eltern verweigerten konsequent Einrichtungen, in deren Umgebung fremde Personen (z.B. Lehrpersonal) Jahrzehnte ungestraft die Schüler körperlich (leider ebenso sexuell) züchtigen durften. Ein besonders grauenvoller Ort, als Bildungsstätte, in denen die Seele des Kindes gebrochen werden sollte. Die heimischen Kinder hatten weder Schutz, noch konnten sie sich Beistand suchen. Sie waren der Willkür der Erwachsenen ausgeliefert und auf sich allein gestellt.

Nach wie vor gibt es zahlreiche Länder, in denen weiterhin Kinder in Bildungseinrichtungen misshandelt werden (s. Diktaturen in eurasischen, asiatischen und afrikanischen Ländern). Viele Eltern haben nicht den Mut, sich einzumischen; bleiben scheinbar unberührt angesichts der rohen Gewalt. Dabei hilft ihnen sicherlich die beschönigende Lüge: „Da muss man durch. Ich musste auch da durch". Doch das ist Selbstbetrug, viele wissen das auch, trotzdem prügeln alle fleißig weiter.

Dennoch gibt es Ausbrecher aus dieser absurden Selbstlüge, die sich keinem kollektiven Diktat unterwerfen. Wie kann das sein? Auf der einen Seite jene, die diesem gefühllosen Treiben nicht folgen. Auf der anderen Seite stehen jene, die sich selbst etwas vormachen, oder sogar aus Überzeugung, Schutzbefohlene schlagen. Sie bestrafen Kinder für ihre eigene schlimme Vergangenheit.

Hier komme ich wieder auf die „Sem-Roma" zurück. Sie haben gegen andere Nationen keine Kriege geführt und sind frei in Gedanken und Tat geblieben. Unsere Gesellschaft bestraft sie aufgrund tradierter Vorurteile und ihrer strikten Weigerung, ihren Nachwuchs despotischem Lehrpersonal zu überlassen. Die Rache der Behörden folgt auf dem Fuß. Die Kinder der Sem-Roma werden systematisch ausgegrenzt und in Sondereinrichtungen geschickt. Trotzdem lassen sie sich nicht erpressen. Sie legen alles daran, ihrem Kind ein gutes Leben zu bescheren.

Während meiner Hospitationszeit im Sem-Roma Ghetto durfte ich Augen- und Ohrenzeugin werden, wie abwertend man über diese Kinder sprach und banale Gründe vorgab, um ein Sem-Roma-Kind in die Sonderschule zu verweisen. Bedauernswert war, keiner wagte den Widerspruch. Mein Protest dagegen blieb natürlich ungehört. Im Gegenteil, einer der Lehrer präsentierte sich mir gegenüber derart cholerisch, sodass ich mich in ein „despotisches Schulsystem" zurückversetzt fühlte. Dieses Schulsystem würde ich auch verweigern bzw. ablehnen. Die Sinti-Familien konnte ich jetzt sehr gut verstehen. Sie wurden mir immer sympathischer.

Man trifft immer wieder auf selbstgerechte Egomanen, die ihre tyrannische Vorgehensweise weiter ausüben und möglicherweise auch noch Vorbild für die Opportunisten der Neuzeit sind. Und das vollzieht sich vor unserer Haustüre - in unserem vermeintlich verbesserten Schulwesen. Dieser Lehrer, von dem ich sprach, wird bestimmt eines Tages Direktor dieser Schule werden. Welch eine verlogene Neue Welt.

Das Spiel mit der Angst

• *Stufe 1 (Panikmache auf Kosten anderer)*

Inzwischen sind Züchtigung und sexueller Missbrauch enttabuisiert und gesetzlich verboten. Das heißt nicht, dass weiterhin Schutzbefohlene gedemütigt und verprügelt werden. Das Spiel mit der Angst geht weiter; lediglich die Hilfsmittel haben sich verändert. Nachdem nun Angst nicht mehr eingeprügelt werden darf, werden andere Mittel und Wege gesucht, die Massen in Schach zu halten.

Im Vakuum der Machtspiele gedeiht fiktive Bedrohung. [20]Dieses Spiel beherrschen die Diktatoren dieser Welt exzellent. Jahrtausende lang hatten sie Übung darin, ihre „Sklaven" (Untertanen) mit diffusen Ängsten in Schach zu halten. Der Unterschied zur Gegenwart ist lediglich die Art und Weise, wie heute diverse Instrumente der Angst eingesetzt werden. Aufgrund irgendwelcher Mythen kann der Bevölkerung kaum noch Furcht und Schrecken eingejagt werden. Die neuesten psychologischen Spielchen sind suggestive Beeinflussungen des Unbewussten. Den Menschen von heute durchfließt eine unsichtbare Macht (z.B. beeinflussen-

---

[20] Gegenwärtiges Beispiel hierfür ist die geschürte Panik-Pandemie. Sicherheit - keine Frage - ist wichtig. Aber man sollte bitte die Kirche im Dorf lassen und diese Infektionsgeschichte nicht als Mittel zum Zweck nutzen, indem den Menschen ihre Freiheiten entzogen werden. Das grenzt dann eher an diktatorische Versuche, alle demokratischen Errungenschaften der Vergangenheit langsam aber sicher wieder abzubauen.

de Werbung; anonyme Datenüberwachung; Beeinflussung durch bewusst manipulierte Falschmeldungen usw.), die m.E. wesentlich bedrohlicher ist, als altertümliche Beschwörungen.

Reichen diese Maßnahmen nicht aus, werden Werbeträger dazu bemüht die eigenen Interessen durchzusetzen. In Ländern in denen Berichterstattung von Despoten abhängig ist, bzw. bezahlt und gefördert wird, ist Objektivität eine Fiktion. Man kann nicht mehr von einer unabhängigen bzw. zuverlässigen Meldung ausgehen. Diese Medien werden dazu gezwungen konstruierte Halbwahrheiten, ja sogar eingeplante Lügen, weiter zu geben. Damit wird beabsichtigt, vorsätzlich das Volk zu verunsichern. Diese medialen Sprachrohre schüren Ängste, vor allem aufgrund einseitiger Berichterstattung.

Eine einseitige Darstellung von Straftaten vollzieht sich auch im demokratischen Europa[21]. Auffällig häufig wird über kriminelles Verhalten von ausländischen Bürgern informiert. Dabei wird dem Zuschauer suggeriert, dass hauptsächlich diese fremden Kulturen kriminell sind und werden. Wer sich wirklich in formiert, weiß, dass eine überschaubare Anzahl von Ausländern tatsächlich straffällig wird. Logischerweise sind die strafbaren Handlungen der Einheimischen, gegenüber den Eingereisten, höher einzustufen,

---

[21] Ob nun absichtlich, oder nicht, möchte ich hier dahingestellt lassen. Jedoch führt einseitige Aufklärung leider zu einseitigen Meinungen, welche meist in sozialer Hetze enden.

doch darüber wird kaum berichtet.

Wovor haben wir tatsächlich Muffensausen? Vor einer erfundenen Gefahr gibt es keinen Grund sich zu fürchten. Werde ich wirklich bedroht; dann ist Angst sicherlich angemessen. Doch wenn es ums Überleben geht, wäre ein scharfer klarer Verstand sinnvoller, um einen Ausweg bzw. eine optimale Lösung erkennen zu können. Dazu kommt, dass Furcht unser Reaktionsvermögen verzögert und eher dazu anstiftet genau das Falsche zu tun. Bei einer ernsten Bedrohung mag das verzeihlich sein - jedoch völkerübergreifende imaginäre Panik wirkt sich kontraproduktiv aus und veranlasst ganze Gruppen dazu, idiotisch zu handeln. Z.B. führt Massenhysterie, egal aus welchem Grund, stets zu Chaos und Überreaktion.

Im Fokus angsterzeugender „Gruselmeister" stehen meist Minderheiten. Jene Fremdgruppen, welche leicht zu diskriminieren sind. Mediales und politisches Kalkül von Angstpropaganda schüchtert Menschen ein. Mit passenden Parolen: „Ausländer nehmen die Arbeit weg, sind alle Verbrecher, vernichten tradierte Heimatkulturen usw.", lässt es sich gut Stimmung gegen Minderheiten machen. Von den wahren Problemen wird abgelenkt.

Wer die Mittel der Macht beherrscht, regiert diese Welt. Das facettenreichste Mittel dafür bleibt ANGST[22]. Physische Gewalt ersetzt nun seelische. Die Wirkung dieser psychologischen Waffen zeigt sich unter Zuhilfenahme von Verschwörungstheorien, diffusen Wahnvorstellungen, manifestierten Minderwertigkeitskomplexen und anderen schattenhaften Angststörungen.

So gelingt es, jeder Oligarchie und Diktatur, das Volk gefügig zu machen. Angst wird ein Mittel zum Zweck. Wird diese psychologische Strategie richtig eingesetzt, werden Menschen zu folgsamen Marionetten und lassen sich bis aufs Blut aussaugen. Dafür werden aufstrebende Opportunisten benötigt, die dem Diktator gehorsame Diener rekrutieren und unterstützend seine Macht aufrechterhalten.

Je mehr wir uns entmündigen lassen, je mehr Freiheiten uns genommen werden, desto mehr Macht überlassen wir den Regierenden. Die Bremse ziehen, für Gerechtigkeit und Unbestechlichkeit zu kämpfen, das wäre längst an der Zeit. Diese Ziele glücken nur, wenn mehr Mitbestimmung und Bürgerrechte eingefordert werden.

Darüber hinaus Neuerungen, wie:

-   ein vereinfachtes und gerechtes Steuersystem

---

[22] Auch mit einer Panikpandemie kann man die Bevölkerung manipulieren und einschüchtern

- Abschaffung der Bildungsungleichheit und Einführung der bedingungslosen Kostenfreiheit von Bildung

- die Entkriminalisierung von unfairen Gesetzen (z.B. die Entkriminalisierung von Cannabisgebrauch [23])

UND

- Whistleblower, sollten auf der ganzen Welt das Recht erhalten, ihre Meinung und ihr Wissen zu veröffentlichen.

- Anstatt Ängste ausstehen zu müssen, weil die Wahrheit ausgesprochen wird [24].

Stattdessen jagt ein Verbot das andere - das Individuum wird von Haus aus kriminalisiert. Die Bevormundung der Bürger geht unerwartet schnell voran. Er wird nicht gefragt, was er möchte - er wird nur noch als „Mittel zum Zweck" genutzt (als Goldesel und folgsame Marionette). Was sagt Kant zu dieser moralischen Ein-

---

[23] Der Konsum von Alkohol ist legal und gesellschaftsfähig, obwohl die Gesundheitsschäden bei Alkoholmissbrauch allen bekannt sind. Statistisch steht Alkohol an erster Stelle einer gesundheitsschädlichen Substanz. Das kann man bei Cannabis nicht behaupten und trotzdem wird diese medizinisch wertvolle Pflanze für die Allgemeinheit verboten. Alkohol zu verharmlosen und im gleichen Atemzug eine medizinisch anerkannte Heilpflanze zu verdammen, verweist auf die Doppelmoral, welches dieses Land nicht nur in dieser Frage beherrscht. Diese soziale Lüge den Gegebenheiten anzupassen wäre Gerechtigkeit für alle, anstatt Jugendliche dafür einzusperren. Dann müssen alle Alkoholiker ebenso eingesperrt werden!!

[24] Diese Vorgehensweise gegenüber „Nestbeschmutzern" erinnert mich an das tiefste Mittelalter. Nicht nur neues Wissen, auch die Machenschaften innerhalb der Burgmauern, durfte das Volk nicht erreichen. Mit allen Mitteln versuchte Kirche und Staat die „Whistleblower des Mittelalters" zu vernichten.

stellung? Der Mensch darf nie als „Mittel zum Zweck" dienen, sondern soll immer als „Zweck an sich" angesehen werden.

Die Wirklichkeit sieht leider anders aus. Das tradierte und gekonnt eingesetzte Mittel, welches dem Zweck dient, ist und bleibt instrumentalisierte „Angst". Wenn ich die Vergangenheit durchleuchte, scheint es so, als hätte diese Kantische Moralvorstellung noch nie einen Platz in den obersten Reihen gefunden.

Angst befällt die manipulierte Gesellschaft, wie ein Virus. Die Zweckentfremdung des Menschen erreicht einen neuen Höhepunkt. Kants kluge moralische Sicht der Dinge prallt ungehört ab. Das Individuum wird abermals zur „Ware" zweckentfremdet. Diese personalisierte Ware dient zur Sicherung eines dekadenten Staates [25].

Nochmals: Es sind nicht die Eingereisten, vor denen man Angst haben muss. Die „Herde Mensch" wird ins Verderben geführt, von Machtbesessenen, die eigene Ideologien voranstellen. Ohne Wissen und Verstand putschen sie sich an die Spitze einer Partei, um letztendlich die „Alleinherrschaft" anzustreben. Die Geschichte sollte uns schlauer machen. Machtbesessenheit, Willkür und Eigennutz waren noch nie ein Garant für „blühende Land-

---

[25] Anzuführen ist, dass zumindest in unseren Regionen, Gleichheit, Freiheit und Unversehrtheit von Leib und Seele im Grundgesetz garantiert wird. Auch wenn dieser Grundsatz nicht immer zu allgemeingültiger Gerechtigkeit führt.

schaften".

Wer einen anderen Menschen für gering hält, nur weil dieser nicht den eigenen Vorstellungen entspricht, erniedrigt sich selbst. Es sind die Selbstdarsteller, Sprücheklopfer und Schaumschläger, die glauben alles besser zu wissen. Ihre Unwissenheit bricht zu Tage, wenn Wissbegierige eigene Recherchen durchführen und über (angebliche) Tatsachen selbstständig nachdenken.

Man darf sich allerdings auch nicht von der „Intelligenzija" täuschen lassen. Verblendete Dummheit kann vielleicht noch in Zaum gehalten werden - aber ein raffinierter kluger Geist wohl kaum. Denn dieser findet immer Mittel und Wege, das angestrebte Ziel zu erreichen. Wohlgemerkt spreche ich hier von ausgeprägter negativer Energie, deren Reichweite nicht einschätzbar ist.

Das jüdische Volk konnte es sich nicht vorstellen, dass es mal einen Menschen geben wird, der seinen Erfüllungsgehilfen ermöglicht, sie scharenweise zu ermorden. Hier gelang es Regimegegner, gezielt Angst und Schrecken zu verbreiten. Ihre Einschüchterungstaktik war dermaßen erfolgreich und verhalf den Nazianhängern letztendlich zum Sieg. Das Ziel ihrer Angstpolitik war, dass die Masse einerseits sich schön brav unterordnete, andererseits aus Bequemlichkeit und Vorteilsnahme den Despoten gehorchte, ja sogar mit ihnen kooperierte.

Das Ergebnis dieses kollektiven Wahns war die Vernichtung von ausgemachten Sündenböcken und Hassobjekten. Das erschreckende Fazit dieses Irrsinns: „Die Deutschen gelten seither als organisierte Massenmörder eines Volkes".

Vor allem die beheimatete jüdische Bevölkerung hätte sich so etwas nie ausmalen können. Trotz zunehmender Bedrohung fühlten sie sich sicher und von der Bevölkerung beschützt. Ehrlich gesagt: „Ich hätte es mir auch nicht vorstellen können". Und ohne Schutzengeln, in unserer dunkelsten Vergangenheit, wäre dieses grauenhafte Vorhaben womöglich gelungen.

Die Intelligenz hat eben mehrere Gesichter.

Der Leitfaden aller sollte sein: Sich von „Nichts und Niemanden" verängstigen lassen. Selbsttätig werden und Informationen über das „Angstobjekt" einholen. Kritisch bleiben, nicht jedem (auch eigenen) Vorurteilen Vorschub leisten und die eigene Bequemlichkeit mal abzulegen. Menschenrechte müssen überall gelten - das sollte niemand vergessen.

• *Stufe 2 (Hören & Sagen)*

In ihrem selbstverliebten Hochmut können gewählte Anführer zu Massenmördern, zu widerwärtigen Vergewaltigern und schamlosen Blutsaugern werden. Von ihnen begangene Freveltaten werden verleugnet und bagatellisiert. Das alles nur deshalb, weil der Glaube gestärkt wird, man wäre bedroht und alles muss verteidigt werden.

Besetzte Gebiete werden zu Todeszonen für all jene, die scheinbar unberechtigt in diesem Areal leben. Unschuldige Menschen, darunter viele Kinder, werden verjagt, gedemütigt, gefoltert und kommen zu Tode.

Sind wir taub und blind geworden? Wir hören viel, dies und jenes davon ist unfassbar. Trotzdem schauen wir weg und tun so, als wäre nichts gewesen. Mitläufertum, diffuse Ängste und Nachahmungstrieb, könnten die Antriebsfedern für dieses Verhalten sein. Zwar gibt es Dissidenten, die aus diesem Teufelskreis ausbrechen. Während die „Einen" eingeschüchtert zu Mitläufern und Wegsehern werden, gibt es die „Anderen". Persönlichkeiten, die dem Pulk nicht gehorchen und eigene Maßstäbe festlegen.

Leider gibt es jedoch auch die willigen Vollstrecker. Sie wittern ihre „Chance der Stunde" und werden zu ergebenen Tätern einer „gewaltvollen Ideologie". Erfolg bedeutet für diese parasitären Nutznießer (im Sinne der Ziele eines nationalistischen Ausbeutersystems) Versklavung und absolute Unterwerfung. Wer aufbegehrt wird eliminiert. Eine erfolgreiche Strategie aller Machtmenschen.

Es werden Mauern nicht nur an Grenzen, sondern in den Herzen aufgebaut. Wäre dem nicht so, wie sollte man dann einen Trump oder einen Orbán, oder die israelisch-palästinensische Besiedlungspolitk verstehen? Auf der ganzen Welt tobt eine Zermürbungstaktik gegen die eigene Rasse. Der Autoritätsmissbrauch kennt keine Barrieren. Zugemauerte versteinerte Herzen lenken schon längst das Schicksal der Menschen.

Wer jetzt glaubt, dem sei nicht so, sollte genauer hinsehen und hinhören. Der Suchende findet genügend Beispiele. Ein vorzugsweise anschauliches Paradigma für Massenhysterie und Demagogie sind die ewig vertriebenen „Sem-Roma". Seit fast einem Jahrtausend werden sie zielgerichtet und ausdauernd auf der ganzen Welt gehasst. Eine beklagenswerte Wirklichkeit, vor allem da die uneinsichtigen Panikmacher und Vorurteilsschürer keine Ahnung von diesen Menschen haben.

Was man nicht kennt, kann man fürchten, aber nicht hassen. Außer es gibt da selbst ernannte Panikmacher, die dem Volk die bizarrsten Märchen über das Unbekannte (oder Beängstigende) zutragen. Ein erfolgreiches Werkzeug, welches machtbesessene Prediger, Zauberer, Priester und Politiker, seit Menschengedenken nutzen, um das Volk zu beherrschen bzw. auszubeuten.

Auch über die „Sem-Roma" dominiert ein „Hören - Sagen", welches jeder glaubwürdigen Grundlage entbehrt. Sobald diese Gruppe auftrat, verschwanden schlagartig Gegenstände, Tiere und sogar Kinder. Unglaublich - oder? Ihre Denunzierung beginnt mit ihrer Vertreibung und Flucht aus Nordindien - ihrem ehemaligen Heimatland.

Es war ihr dunkler Teint, der sie als „Außerirdische" kennzeichnete. Diese „sichtbaren Anderen" wurden von unterschiedlichen Autoren, als furchterregend, linkisch und bösartig beschrieben. Diesem Generalverdacht sind die Heimatsuchenden seit über 1000 Jahre ausgesetzt. Diese Panik bewirkende Manipulation und Machtdemonstration zeigt, dass jahrhundertelange Unterdrückung und Verängstigung eines Volkes, zu deren Lähmung im Denken und Handeln führen kann.

Welche Voreingenommenheit hält jedoch lange, wenn der Mut aufgebracht wird, sich selbst von den tatsächlichen Gegebenheiten zu überzeugen. Ich wollte mich selbst von all den Vorwürfen und Vorurteilen überzeugen und begab mich in die „Höhle des Löwen".

Es gibt bestimmte Orte, an denen sich verschiedene Clans zusammenfinden und leben. An so eine Stätte begab ich mich und bewarb mich bei der ansässigen katholischen Einrichtung als Praktikantin. Nun hatte ich Zugang zu diesem rätselhaften Volk und hatte die Chance über ein Jahr ihre Kinder zu beaufsichtigen, oder an Schlichtungsgesprächen teilzunehmen. Diese Treffen waren notwendig, da die Sem-Roma sich ständig gegen Ausgrenzung, Diskriminierung und Bedrohungen wehren mussten. Fast resignierend musste ich feststellen, dass sich an den Erfahrungen meiner Kindheit bis heute kaum etwas geändert hat.

Diese bedrückende Erkenntnis gab mir den Anstoß, mich mit den Mechanismen des Phänomens Vorurteil intensiver auseinanderzusetzen. Das Wissen, über die psychologischen und sozialen Zusammenhänge von Vorurteils- und Stereotypenbildung, kann dazu dienen, möglichst effektiv Gegenmaßnahmen und Umdenkungsprozesse einzuleiten.

In dem Buch: „Vorurteil und Bildung" (von Schickl R., 2015) wird jeder Erkenntnissuchende ein genaues Bild über dieses sesshafte Volk erhalten. Es geht in dieser wissenschaftlichen Ausarbeitung zu dem Thema „Sinti und Roma" nicht mehr um „Hören-Sagen", sondern um genaueste überprüfte Hintergrundrecherchen, die kaum jemand kennt.

Ein Auszug aus der Publikation:

„Wahrscheinlich ist kaum jemanden bekannt, dass Carlos Santana oder Drafi Deutscher Sinto sind und Marianne Rosenberg eine Sinteza ist. Mutig gestand die Sängerin und Sinteza Dotschy Reinhardt (Frau des berühmten Liedermachers und Sängers Django Reinhardt) in einem Radiointerview (Bayern B2, „Eins

zu Eins. Der Talk" vom 14.04.2009), dass sie ihre Herkunft ver-leugnen musste, um eine Lehrstelle in einem Musikladen zu er-halten.

Die Ausgrenzung der „Sem-Roma" ist Normalität. Ähnlich wie Frau Dotschy Reinhardt ergeht es den Meisten dieser Volksgrup-pe. Sie sind gezwungen, ihre wahre Herkunft zu verschweigen oder zu verleugnen, um am wirtschaftlichen Leben teilnehmen zu können. Dabei laufen, ohne sich dessen bewusst zu werden, ural-te Klischees in den Köpfen der Menschen ab, die verhindern, ei-nem Sem-Roma Arbeit oder Bildung zuzutrauen.

Zwar zeichnet sich eine Wende ab, zumindest für jene, die fest im (Arbeits-) Sattel sitzen. Einige Tapfere outen sich und verraten ihre wahren Wurzeln; die Meisten jedoch bleiben lieber im Ver-borgenen. Viele Arbeitgeber wissen nicht, dass sie einen „Sem-Roma" beschäftigen. Es wäre interessant, was passieren würde, wüssten sie es.....„

Wie auch immer, es bleibt ein trauriges Bild, wenn sich Men-schen, aufgrund ihrer Herkunft, verstecken müssen. Hier handelt es sich um ein mutiges Volk, das nicht dem „Mainstream und Gruppenzwang" unterliegt - und das ist auch gut so.

Neben der Verstoßung und Diskriminierung eines ganzen Volks-stamms, gibt es weitere Zeugnisse von Verleumdung und

Machtmissbrauch.

Schon alleine die Dreistigkeit den „Holocaust" zu verleugnen stellt nicht nur eine Gefahr für die Opfer dar, sondern ebenso für die wahre lebendige Geschichte. Abgründige Gewalt wird bagatellisiert, als sei nichts geschehen. Für die zahlreichen Leidtragenden muss sich eine solche Aussage wie ein weiterer Dolchstoß anfühlen - eine Demütigung, die die Sicht auf den Menschen schaudern lässt.

Weiter geht es mit dem Umgang von Boatpeople. Tausende ertrinken, infolge unterlassener Hilfeleistung. Wie abgestumpft muss der Mensch sein, dass ihm sogar egal ist, ob hier Säuglinge und Kinder mit untergehen. Zu diesem Thema sehe ich nur geringfügige Aktivitäten. Die großen Organisationen sind entweder zu sehr mit sich selbst beschäftigt, oder es geht, wie immer, nur um effektvolle und einnahmesichere Initiativen. Wenn sich dann schon mal tapfere Retter einfinden, die eigenverantwortliches Handeln zeigen, werden diese gleich verhaftet (s. Italiens Umgang mit den „Robin Hoods der Meere").

Und welch eine Paradoxie in Bezug auf „Hilfe zur Selbsthilfe". Pharmaindustrie, Energie- und Ernährungswirtschaft täuschen humanistische Aufbauhilfe in Drittländern vor, doch in Wahrheit arbeiten alle schön Hand in Hand mit den Regenten (Ausbeutern) dieser Länder. Aus der scheinbaren effizienten Umgestaltung wird eine weitere Abhängigkeit der Einheimischen - zum Vorteil der Unternehmer - geschaffen. Regierungen und Industrie teilen sich die lukrativen Einnahmen, während das Volk, darunter viele Kinder, für diese ruchlosen Ausbeuter ihr Leben lassen. Der Gipfel der Ausbeutung ist, dass die versklavten Kinder für eine Mahlzeit am Tag schuften müssen. Was für Existenzen stecken hinter dieser ausbeuterischen Moral? Menschen ohne jegliches Verantwortungsgefühl und Charakter.

Diese Liste kann jeder selbst fortsetzen und sich darüber Gedanken machen, wie Menschen miteinander umgehen. Wer ohne Eigennutz und Täuschung „hört und sieht" weiß, was getan werden muss.

Die Couragierten unter uns, zeigen bereits Eigeninitiative, doch stehen sie einem politischen und wirtschaftlichen Machtvakuum vis-a-vis, das energisch versucht, jede Einmischung zu unterbinden. Alle benötigen unsere Unterstützung in „Wort und Bild". Kein Land auf dieser Welt sollte sich auf inhumane Gesetze berufen können. Hier müssten Menschenrechtsorganisationen spürbar eingreifen.

Für was werden Unsummen an Organisationen bezahlt, wenn diese letztendlich ihrer Aufgabe nicht gerecht werden. Wie bei vielen unüberschaubaren Organisationen muss man hier ebenso befürchten, dass in die eigene Tasche gewirtschaftet wird. Es gibt keinen Bericht darüber, wie viel Geld z.B. UNICEF und Co. (oder sämtliche nicht weltliche Institutionen) einnehmen. Nur weil der Name Seriosität glauben macht, bedeutet das noch lange nicht, dass dem so ist.

Leider wird hier viel zu wenig unternommen, um Korruption, Vetternwirtschaft, Vorteilsnahme, usw., zu unterbinden.

Holocaust der Tiere

Ausgeprägt substanziell für mich, neben den Menschenrechten, ist die erschreckende Gesamtlage unserer Nutz- und Haustiere. Hier wird ein dunkles Kapitel der Menschen aufgeschlagen.

„Die Koexistenz mit der Schöpfung hat eine dunkle Seite" erklärte der Philosoph Sloterdijk. Eine berechtigte und beängstigende Aussage. Diese mahnende und wohlgewählte Formulierung verändert allerdings diese Koexistenz nicht. Schonungslos deutliche Worte sind von Nöten, um die Aufmerksamkeit zu erhöhen und den „Holocaust der Tiere" zu beenden.

Der Mensch strebt danach, jeden Flecken dieser Erde auszusaugen - es ist dabei relativ egal:

- ob es sich um die einseitige Beforstung von Wäldern (sog. Wirtschaftswälder zur schnellen Holzgewinnung)

- die Vernichtung schützens- und erhaltenswerter Arten / Sorten

- um den gnadenlosen Raubbau der Umwelt (s. Bodenschätze)

- oder es sich um den maßlosen Konsum von Tieren handelt.

Zwei Mechanismen begünstigen dieses Handeln: einerseits der Eigennutz der Wirtschaft und andererseits der Eigennutz des

Verbrauchers – genauer gesagt: der maximale Gewinn und möglichst billig. Es geht nur noch um Ausbeute, an der sich der Konsument beteiligt.

„Ich will mein Schweinefleisch jeden Tag essen können", so hieß es im Fernsehen zur Debatte muslimischer Mitbürger; welche bekanntlich kein Schweinefleisch essen. Wer verbietet demjenigen, sein tägliches Schnitzel essen zu können? Bis heute leider keiner.

Der gigantische Verzehr von Fleisch führt dazu, dass Milliarden von Tieren jedes Jahr ihr Leben lassen müssen. Unverzeihlich dabei ist, dass diese ca. 630 Millionen Hühner (pro Jahr nur in Dtschl.) und 60 Millionen Schweine (pro Jahr nur in Dtschl.) [26] auf bestialische Art und Weise ihr Leben lassen. Geschweige von den Millionen jener Küken und Ferkeln, die ohne Narkotisierung geköpft und entmannt werden. Zum Etikettenbetrug und dem Versuch der Verharmlosung von Geschehnissen will ich mich gar nicht äußern. Mit halbseidenen Bioetiketten, zur „Herkunft und Unterkunft" von Tieren, sollen Käufer einzig und allein besänftigt werden.

---

[26] Weltweit übrigens über 1 Milliarde Rinder! Wer sich genauer informieren möchte, bekommt im „Fleischatlas" vom „Bund für Naturschutz" und der „Heinrich Böll Stiftung" jährlich genaue Daten und Fakten über Tiere als Nahrungsmittel. Ebenso wird das Leid der Tiere Thematisiert.

Die politisch angefachte Umweltdebatte über den CO2 - Ausstoß der Tiermassen, empfinde ich in diesem Zusammenhang lächerlich. Eine Milliarde Rinder machen nicht so viel Dreck, wie eine Milliarde Menschen. Ihre Hinterlassenschaften kann die Umwelt nicht entsorgen - dafür bräuchte die Erde wiederum Milliarden von Jahren. Achtlos wird jede Art von Müll weggeschmissen - von den vollgeschissenen Parkplätzen und Wäldern mit ihren zahlreichen schneeweißen Hinterlassenschaften kann man nur entsetzt sein [27]. Über den kleinsten Hundehaufen regen sich alle auf, über den eigenen Müll wird kein Wort verloren. Keine noch so große Herde von Tieren (man denke nur an die Dinosaurier) könnte der Welt so schaden.

Daran kann man erkennen, dass der selbsternannte „Homo sapiens" keinerlei Ehrfurcht besitzt. So viel zur Umweltverschmutzung. Die Fleischeslust betreffend übertrifft auch hier der Mensch jedes Urzeitmonster.

Ich bin übersättigt von den Erklärungsversuchen mancher Politiker und Wissenschaftler, die Fleischeslust mit der Neigung

---

[27] Wer noch nicht verstanden hat, was hier gemeint ist: Millionen von benutzten Tempotüchern – meist als Toilettenpapier hergenommen – bedecken unsere Landschaften. Z.B. die Freiflächen der Tankstellen sind übersät von diesen Hinterlassenschaften der Damen und Herren. In den heimischen Wäldern findet man bereits keinen reinen Flecken mehr, an dem sich nicht solche „weiße Pracht" ausbreitet. Wohlbemerkt: so ein Tempotaschentuch braucht tausende von Jahren bis die Erde dieses verarbeitet hat. Natürliche Hinterlassenschaften der Hunde und Waldbewohner lediglich ein bis zwei Wochen.

männlicher Jagdlust, oder hormoneller Bestimmung, zu entschuldigen [28]. Hier zeigt sich das Ausmaß der Korruption und Zusammenarbeit von Politik, Wissenschaft und Wirtschaft. Wobei Bauernverbände, Jagdgenossenschaften und Fleischlobby hier tonangebenden Einfluss ausüben.

Sie bestimmen die Regeln, mit welchen Strategien die Lust am Fleisch besonders effizient vorangetrieben werden kann. Nicht umsonst wurde klangheimlich das Tierschutzgesetz an die EU weitergeleitet. Somit erschwert sich jede Einmischung vonseiten der Tierschützer; neue Regelungen können nicht mehr einfach durchgesetzt werden und die Gierhälse dürfen nun - ohne großes Aufsehen - ihr grauenvolles Geschäft weiterführen. Wohlgemerkt, jetzt mit Zustimmung der Politik! Man kann sich fragen, was dem Bürger noch alles unterschlagen wurde.

Wohlweislich liegen die „Konzentrationslager für Tiere" außerhalb der Städte und das ist gewollt; denn die Abnehmer sollen nicht „Hören und Sehen", was mit den Lebewesen geschieht, und wie sie von ihren Peinigern misshandelt werden. Die „Schlächter" üben rohste Gewalt aus, indem sie den sowieso schon verängstigten Tieren, unsägliches Leid antun. Ein altes Sprichwort besagt: „Der Fisch stinkt vom Kopf her". So ist es gleichermaßen

---

[28] Diese Entschuldigung galt noch vor einigen Jahren im gleichen Sinne zum Thema sexuellen Missbrauch.

hinsichtlich Bürokratie und Industrie. Auch hier vereint sich die staatliche Hand mit den Lobbyisten, bis hin zu den Schlächtern. Der Gestank beginnt mit der Industrie, Pharmazie und Wirtschaft; setzt sich fort mit den smarten Fürsprechern und endet mit den Vollstreckern der Gegenwart.

Ich frage mich, weshalb man nichts von den Veterinärärzten hört. Sind sie ebenso bestochen und verroht? Schließlich sind sie diejenigen, die die Tiere begutachten, und sehen müssen, was abläuft. Aber man hört kein Sterbenswörtchen. Es ist nicht ausgeschlossen, dass nur „auserkorene Tierärzte" dieses Amt ausüben - Nestbeschmutzer würde man wohlweislich nicht zulassen. Dieser „Holocaust der Tiere" wird als eine weitere „Tötungsanstalt ohne Moral" in die Geschichte eingehen.

Die Mehrheit sieht weg, hört nicht hin, lässt es zu, dass der „unschuldigen Schöpfung der Natur" so etwas angetan wird.
Alle werden wiederholt zu Tätern.

Weiterhin wird fleißig geschlemmt und verzehrt, mit der Beteiligung und Zustimmung der Massenmedien, welche Werbung zu diesem Zweck billigen. Jeden Tag wird mehrmals Reklame geschaltet für die (gedankenlos verzehrten) HAMBURGER, die unzähligen Leberkässemmeln, Currywürste usw. Ist es wirklich notwendig, 3- bis 4-mal am Tag Fleisch in sich hineinzustopfen und dadurch die Fleischindustrie glücklich zu machen? Ist es wirklich notwendig (gedankenlos) täglich die billigen Produkte aus dem Supermarkt einzukaufen? Muss der Gang zu den Fast-Food-Ketten stets den Burger im Blick haben?

Wir sollten das Tier im Blick behalten - nicht die eigene Fress-sucht bedienen. Ist es vielen gleichgültig, was wir der Natur an-tun? Zudem wird vergessen, dass diese gequälten und terrorisier-ten Tiere mit Hormonen und anderen Giften vollgepumpt wer-den, welche lediglich dazu dienen, ein Monster zu schaffen, wel-ches sich nicht einmal die Natur ausdenken könnte. Nämlich das genetisch veränderte Riesenschwein, damit noch mehr Rippchen verarbeitet werden können, oder die Milchkuh, die unter den überdimensionalen Eutern fürchterlich leidet. Ist unsere Begierde größer als Empathiefähigkeit?

Die geduldige Kuh, welche uns an Intelligenz und Einfühlungs-vermögen in nichts nachsteht, ein wunderbares soziales Wesen, das genügend Milch produziert, um eine ganze Familie zu ernäh-ren. Das schlaue Schwein, welches überraschend anpassungsfä-hig und gesellig ist. Es ist schon bedrückend genug, dass sie in Ställen leben müssen, angebunden den ganzen Tag, stehend an einer Stelle. Wahnsinn, wenn man bedenkt, wie es einem Men-schen dabei erginge. Aber soweit denkt der Schnäppchen-Kon-sument nicht. Für ihn gilt nur der Preis. Dazu wird der gewissenlose Industrielle benötigt, der die Kundenerwartungen erfüllt, allerdings auf Kosten der zahlreichen Tieropfer.

Umso widersinnig sind m.E. jene, die genug Geld hätten, um besonnen und umsichtig ihre Einkäufe zu tätigen. Doch musste ich zur Kenntnis nehmen, dass einige gedankenlos und egoistisch ihrer „oberflächlichen" Strategie weiter folgen. Argumente helfen nicht, die Schnäppchenjäger davon abzubringen billiges Fleisch zu kaufen. Abgedroschene Ausflüchte muss man sich dann anhören.

Düster ist unter anderem, wie Jäger und Züchter mit ihren Tieren umgehen. Zuchtverbände achten weder darauf, wie die Aufzucht der Rassen stattfindet, noch, ob ihre neuartigen Schöpfungen ethisch vertretbar sind. Auch hier dreht sich alles nur um den Profit. Nicht wesentlich besser ergeht es so manchen treuen Begleiter des Menschen. Immer noch werden Jagdhunde gedrillt, geschlagen, mit Elektroschocks verängstigt, bewusst ihrer Seele beraubt. Sie sind nicht mehr Hunde, sie werden zu gefügigen gebrochenen Wesen, die nur noch funktionieren. Sieht man so einem Tier in die Augen, kann man erkennen, wie freudlos das Leben für diese Geschöpfe ist [29]. Der Umgang mit Wildtieren ist dementsprechend.

Im dunklen der Nacht fällt jede Scham. Verborgene nächtliche Räume verleiten zu sadistischen und hemmungslosen Handlungen. Wilderer, ebenso legitimierte Jäger, bescheren dem Horror eine neue Tragweite. Was ist besonders heroisch daran, aus sicherer Entfernung und mit tödlichen überlegenen Schusswaffen, ein Tier niederzustrecken? Welche Heldentat gehört dazu, gebuchte Ziele anzupeilen und abzudrücken? Unaussprechbar, was diese Feiglinge, die sich Jäger nennen, dem schwer verletzten Tier zusätzlich an Grauenvolles antun. Man denke nur an die zahlreiche Wilderer, die Nashörnern, Elefanten und anderen Wildtieren, am lebendigen Leib die Hörner abschneiden, und das schwer verletzte Tier, nach vollbrachter Handlung, sich selbst überlassen. Für diese grauenvollen Individuen ist selbst „Homo crudelis" eine harmlose Beschreibung.

Nicht zu ignorieren die Meeresbewohner, welche kaltblütig verfolgt und erlegt werden. Delfine, Wale, Thunfische oder Tintenfische stehen nach wie vor auf der Speisekarte vieler Länder und

---

[29] Ich bekomme die schrecklichen Bilder nicht aus dem Kopf, von einem Fohlen, welches zusehen musste, wie seine Mutter brutal niedergemetzelt wurde (das Pferd war nicht mehr von Nutzen, weshalb es einfach zu schlachten gebracht wurde). Diesem verängstigten Jungtier konnte man die Angst und Panik in seinen Augen ansehen. Aus das Fohlen musste dann sterben. Wer noch ein wenig fähig ist, mit dem Herzen zu sehen, wird sein Leben lang diese Bilder nie mehr vergessen. Tag für Tag wiederholt sich diese schaurige Spiel des „Homo crudelis".

werden zu Tausenden vom Leben zum Tode befördert. Alleine der intelligente Tintenfisch erlebt ein Martyrium des Leidens. Er wird solange (lebend) gegen einen Felsen geschlagen, bis quasi das Gehirn herausquillt. Das würde das Fleisch zart machen - heißt es.

In Massen werden exotische Mittel und Wässerchen zusammengebraut, deren Ausverkauf vorrangig im asiatischen Raum floriert. Die Männer müssen schon erhebliche Minderwertigkeitskomplexe haben, wenn sie sich vorgaukeln; von Elfenbein-, Nas- und Nabwalhörnern, oder von den unterschiedlichsten Meerestieren (z.B. das vom Aussterben bedrohte Seepferdchen); potenter zu werden. Kein Lebewesen ist vor diesen Verbrauchern sicher. Welch eine Torheit! Was diese Tiere erleiden, kann ein schaurig grimmiger Thriller nicht nachahmen. Der „Homo crudelis" in seiner Reinform!

Über den tödlichen Höhepunkt der zu verzehrenden Lebewesen - in den Gourmettempeln der übersättigten überdrüssigen Gesellschaft - entscheidet der Chef de Cousine. Ohne jegliche Regung werden die wehrlosen Meerestiere in das siedend heiße Wasser geschmissen und nach diesem schaurigen Horrorszenarium auf den Tellern, für die zahlenden Gäste, zelebriert. Hierbei wird kein einziger Gedanke darüber verschwendet, welche feige Schandtat hier vollbracht wurde.

Ähnliches gilt für die gar so begehrte und berühmte Gänseleber, welche mit gleicher Sorgfalt auf die vergoldeten Teller der blasierten Kundschaft verteilt wird. Dabei ist dem Chefkoch sehr wohl bekannt, wie diese Gänseleber zustande kommt, welcher grauenvollen Marter diese klugen Wesen ausgeliefert sind.

Letztendlich sind es die Verbraucher, die den Startschuss für dieses Gemetzel eröffnen und sich am Leid dieser Wesen ergötzen. Der gefühlsarme karrierebewusste Koch tut das Seinige dazu. Obendrein erhält dieser für seine Foltermethoden womöglich auch noch eine Auszeichnung. Was für eine traurige kaltherzige Welt!

Natürlich gibt es mittlerweile einige, die versuchen, dieser Einstellung etwas entgegenzusetzen. Aber was nützt es, wenn die Öffentlichkeit nichts erfährt, und die erstarkten Lobbyistenverbände tun und lassen können, was ihnen gefällt. Sie regieren den Markt und diktieren den Politikern, welche Maßnahmen und Handlungen zu erfolgen haben.

Wo sind die vielen Reportagen geblieben, welche einst das Land erschütterten. Tiervideos, welche von mutigen Einzelkämpfern den Medien zugetragen wurden. Mehrere waghalsige Kompanien führten dazu, Pelzhändlern und ihren Machenschaften das

Handwerk zu erschweren, Zootieren die Gefangenschaft [30] ver-
schönern etc. War das alles? Der Widerstand ist verstummt - die
Menschen sind scheinbar zu sehr mit sich selbst beschäftigt.

Die Schicht der Millionäre spielt währenddessen Gott. Wie die
Aasgeier schweben sie bedrohlich über den geschändeten Lei-
chen und zanken sich um jeden „Goldhappen". Legen es als besonders schick aus, wenn sie sich Delikatessen vorsetzen lassen,
egal, um welches Lebewesen es sich handelt und wie es sein Leben lassen musste. Hochmut kommt vor dem Fall, heißt es nicht
umsonst. Der Zerfall dieser Hierarchie steht bevor. Aber wer zu
sehr damit beschäftigt ist, Geld anzuhäufen und im Überfluss zu
leben, bemerkt den Wandel nicht. Es wird beschwichtigt und be-
schönigt und so getan, als wäre nichts [31].

Aber nicht nur auf oberster Stufe handelt der Homo unverhältnismäßig bösartig. Auf allen Ebenen steht der Völlerei nichts im
Wege. Weshalb überwiegend sogenannte „Nutztiere" große Qua-
len ausstehen. Ein gedankenloser Gebrauch eines Wortes, das
einem existenzberechtigten Wesen keine Rechte einräumt.

---

[30] Obwohl „Eingesperrt sein" nie verschönert werden kann.

[31] Die Geschichte wiederholt sich. Der Aufstand der Massen während der franz. Revo-
lution sollte ein Denkzettel sein, gegen Dekadenz und Überheblichkeit. Der Adel verlor
sprichwörtlich den Kopf.

Das gottgleiche Handeln und Denken bestätigt sich auch darin, dass Säugetiere problemlos in zwei Gattungen unterteilt wurden. Nämlich eine Gruppe wurde in „Nutztiere" (also Sachen) ausgewiesen und eine andere Säugetiergruppe als „lebensberechtigte Lebewesen" hervorgehoben (siehe Hund und Katz). Somit sind die einen die Besseren, die anderen darf man ruhigen Gewissens malträtieren und massakrieren.

Rückblickend findet sich diese inhumane Sichtweise bereits in den viel gepriesenen Abhandlungen mancher (Natur-) Philosophen. Berühmte Namen, wie z.B. Descartes, betrachteten das Tier als Sache und behaupteten sogar, dass Tiere keine Empfindungen hätten. Ihr Nervensystem sei reiner Reflex, sodass ein Tier nach Belieben gequält werden konnte, da sein Jammern ja nur ein Reflex ist. Was für ein Verstand kann sich so etwas ausdenken? Die Denker dieser Zeit stehen in einer Reihe mit den Scharfrichtern der Neuzeit. Sie fügen Lebewesen bewusst Leid zu und verkaufen dem Verbraucher das dann noch als gute Tat.

Es wäre an der Zeit, Heroen der Geschichte von ihrem erhöhten Podest zu holen. Die zwei Gesichter eines Menschen dürften nicht aus den Geschichtsbüchern getilgt werden. Die Wahrheit sollten alle erfahren dürfen. Vor allem Kinder, denen hier über die Geschichtsschreibung ein „Übermensch" vorgestellt wird, dem es nachzueifern gilt. Es wird eine Welt dargestellt, deren einziger Zweck darin besteht, möglichst erfolgreich zu werden. Egal, mit welchen Mitteln das erreicht wird.

Mag seriöse Wissenschaft ein hervorragendes Instrument sein, Fakten und Tatsachen zu schaffen. Einige Forscher bewegen sich bedauerlicherweise am Rande jeder Moral. Das Ziel: Um jeden Preis berühmt werden. Es sind die zu ehrgeizigen Forscher, die im Namen der Wissenschaft sich berechtigt fühlen, Tieren das größte Leid antun zu dürfen. Diese vom Ehrgeiz Zerfressenen kann ich nicht ernst nehmen.

Es sind jene Gelehrte (egal ob von Wirtschaft oder Pharmazie finanziert), die versuchen, Verbrauchern weiß zu machen, nur zu ihrem Wohle zu handeln. Gleichzeitig quälen sie die Verwandtschaft des Menschen unbehelligt. Dazu zähle ich nicht nur die zahlreichen schwer verletzten und verstümmelten Affen. Ebenso Mäuse und Ratten stehen dem Menschen genetisch sehr nahe - sie fristen in Massen ein Leben hinter Gittern, einschließlich stündlicher Folter.

In unserer menschlichen Gier wird allerdings eines vergessen: Allen Lebewesen ist Verstand gegeben. Der Verstand als Alarmsystem des Gehirns. Einzig und allein der freie Wille scheint nur dem Menschen gegeben. Er kann sich entscheiden, in welche Richtung er gehen will - er hat die Wahl. Wobei zu dieser Ansicht m.E. Diskussionsbedarf herrscht.

Es sieht so aus, als haben die „tierischen Sklaven" der Menschen scheinbar keine Wahl. Sie sind die Gefangenen, wie einstmals die Millionen verkauften und eingesperrten Sklaven. Und doch gibt es jene, die ausbrechen konnten und somit ihr Leben retteten. Wie die Geschichte zeigt, gibt es auch Tiere, die es schafften, aus ihren Gefängnissen auszubüxen. Hat das nicht ebenso mit einem freien Willen zu tun? Dem Willen zu überleben und der Marter zu entgehen. Denn da, wo es mir gefällt, muß ich nicht ausbüxen - oder?

Dieses „freigestellt sein", wie es Nietzsche formulierte, führt beim Menschen indes zu unpassenden Verhaltensweisen. Anstatt das harmonische Zusammenspiel mit Umwelt und Natur zu er-kennen, erniedrigten die Herren der Akademie die „freien Men-schen" (die sogenannten „Primitiven") zu minderwertigen Exis-tenzen. Diese falsche Wahl führte schließlich dazu, die Menschen - ähnlich der Tiere - in unterschiedliche Rassen aufzuteilen: Die dummen Wilden und die überlegenen Weißen (analog hierzu: die schützenswerten verwöhnten Haustiere und verwertbaren ge-winnbringenden Nutztiere).

Dabei entspringt das Verhältnis der „Primitiven" zur Natur einem moralisch-ethischen Feingefühl, gegenüber der gesamten Schöp-fung. Ihre Achtung und ihr Respekt vor jedem Leben beeindruckten nur einige wenige Naturforscher. Der überwiegende gebildete Teil vertrat eigennützige Thesen. Dabei half natürlich die materialistische Sicht auf Geschöpfe. Eine auf effizienten Nutzen und finanziellen Vorteil beruhende Betrachtung, vereinfacht die Vermarktung von Tier und Mensch.

Ist der Mensch dermaßen eigennützig und selbstsüchtig, dass ihm alles egal ist? Ist der Mensch doch ein „Homo crudelis" - ein gefühlloser grausamer Mensch? Ist sein Versand so begrenzt, dass er aus seiner Geschichte nichts lernt?

Überzeugungsarbeit und der Appell an die Menschlichkeit müssen lauter werden. Alte Dogmen sollten überdacht und verworfen werden. Um diesen „Holocaust der Tiere" zu beenden, sind Anreize notwendig. So sollten z.B. alle, die biologisch kontrollierte Tierhaltung betreiben (aus Überzeugung zum Tier - kein Mogelbio), steuerlich entlastet werden.

Zudem könnte sich die Situation der Tiere ändern, wenn:

- Steuerfreiheit für alle Bioprodukte durchgesetzt würde; anstatt wieder darüber nachzudenken, wie Steuern erhöht werden könnten, um angeblich alles bezahlen zu können.

- Althergebracht Betriebe erhalten keine Förderungen. Nur noch Biobetriebe erhalten Zuschüsse für Umstellung und Erhaltung des Betriebs.

Voraussetzungen dafür sind:

- verbesserte, unangekündigte und turnusmäßige Kontrollen von „ehrbaren" Veterinärärzten und Beamten.

- Alle Lebewesen (vor allem Nutztiere) werden als schützenswerte Daseinsform und nicht mehr als „Sache" deklariert. Über sinngemäße Gesetze werden sie als vollwertige Geschöpfe geachtet. Sinnlose absichtliche Gewalt gegen sie sollte geahndet werden.

- Der Tierschutz muss rechtlich verbessert und erweitert werden. Jedes Lebewesen hat das Anrecht auf ein unversehrtes gewaltfreies und artgerechtes Leben.

Das geht nicht - gibt's nicht. Oft genug hat man erlebt, wie schnell etwas durchgesetzt wird, wenn es den wirtschaftlichen Interessen dient. Solange die Vernunft des Menschen versagt, werden Wild- und Nutztiere als nicht lebenswert betrachtet. Jeder darf diese Geschöpfe ungesühnt ein Leben lang einsperren, misshandeln, lebendig ausweiden und zerstückelt. Welche Interessen hier bedient werden, steht außer Frage.

Die Hoffnung es würde sich alles von selbst regulieren, scheint unerreichbar. Tendenziell realisierbar wäre die Regulierung von oben und unten.

Dazu benötigen wir allerdings eine souveräne nicht korrumpierbare Staatsregierung, die nicht dem Diktat des Kapitalismus gehorcht. Der Tierschutz muss wieder an die Hoheit der Länder zurückbeordert werden und als oberste Priorität auf die „Agenda" einer menschenwürdigen Politik gesetzt werden. Vor allem aber müssen alle „Lebewesen" als beachtends- und schützenswert gelten – nicht nur die Haustiere! Wären Europa und die skandinavischen Länder Vorreiter dieser Tierschutzmaßnahmen; dann müsste sich auch um Europa herum vieles ändern.

Die Regulierung von unten bedeutet Verzicht. Den persönlichen Konsum weitreichend zu reduzieren. Der mehrmals tägliche Genuss von Big Mac und Co. unterläge einer persönlichen Zensur. Der Rückgang von Fleischverzehr führe infolgedessen zu finanziellen Einbußen aller Branchen. Das wiederum zu einer Umstellung der Industrie und Pharmakonzerne.

Ein großes Vorbild, bezüglich Ablehnung einer großorganisierten Fleischmafia, ist der Gründer der „Hermanns Höfe". Der ehemalige Leiter der „Hertha-Fleischprodukte" weigerte sich, das Leid der Tiere weiter hinzunehmen, und verließ kurzer Hand diese Firma. Als einstmaliger Mitläufer wurde er zu einem mitfühlenden Handelnden.

Von den Fürsprechern der humanen Nutztierhaltung bekam er großen Beifall. Von den materialistisch orientieren und gefühllosen Ignoranten logischerweise Spott und Hohn. Diese „Hermanns-Läden" habe ich in München oft besucht. Hier ist eine dem Menschen und Tier würdige Vision umgesetzt worden. Aus einem „Homo crudelis" wurde ein „edler Denker".

Jene, die sich gegen Massentierhaltung und deren Missbrauch stemmen, sind noch zu wenig. Alle müssten dazu beitragen, damit dieser Gewaltexzess endet. Infolgedessen, wenn wir schon Fleisch essen müssen, sollte den Tieren wenigstens ein lebenswürdiges Dasein ermöglicht werden. Alle sollten den Fleischkonsum drastisch reduzieren und auf Billigware verzichten. Die Fleischindustrie wäre dann gezwungen sich den Wünschen des Verbrauchers zu beugen. Bessere Kontrollen wären an der Tagesordnung. Der Verzehr von Fleisch wäre frei von Pharmamitteln und Angsthormonen. Um das jedoch zu erreichen, benötigen wir mehr solidarische Akzeptanz, Aufmerksamkeit, Empathiefähigkeit und Medienpräsenz.

Würden wir Kinder das sehen lassen, was hinter verborgenen Schlachthöfen abläuft, jedes käme mit verheulten und verängstigten Augen zurück. Keines dieser Kinder würde je wieder Fleisch essen und hätte Angstträume. Nehmen wir uns ein Beispiel an den Kindern und hören endlich auf uns etwas vorzumachen. Es ist nicht rechtens, was geschieht und alle sollten „Augen und Ohren" dafür öffnen.

Nestbeschmutzer

Wer und was sind denn eigentlich diese Nestbeschmutzer?

Für mich sind es jene, die schweigen und den Dingen ihren Lauf lassen. Es sind selbige, die nicht den Mut haben, den Mund aufzumachen, obwohl vor ihren Augen größtes Unrecht geschieht. Das sind meines Erachtens Nestbeschmutzer.

Doch, wie so oft in unserer Sprache, ist dieses Wort negativ besetzt. D.h., jene sind Nestbeschmutzer, die genau dieses Unrecht nicht nach außen tragen.

Der „Nestbeschmutzer" dürfte in keiner negativ wertenden Bedeutung stehen. Im Gegenteil, das Wort sollte eine positive Würdigung beinhalten. In dem Sinne für einen Menschen, der den Mut hatte, anderen zu helfen, Missstände, Verschwörungen und Lügen offen darzulegen. Jene seriösen Journalisten und Bürger, die ihr Leben riskieren, um komplizierte verschachtelte Widrigkeiten aufzuzeigen und zu veröffentlichen. Stattdessen werden alle Sinne abgeschaltet, um nicht selbst zu einem Opfer zu werden. Eben nicht als Nestbeschmutzer verschrien zu werden.

Eben diese, die den Mut haben, sich gegen Unrecht offen zu stellen (wie Gewalt, Diskriminierung, Korruption, Missbrauch usw.), wurden und werden abgeblockt, diskreditiert und öffentlich lä-

cherlich gemacht. Ihnen wird nicht nur allgemein der Mund verboten, sie werden sogar politisch verfolgt und eingesperrt. Ein
korrupter Staat wird ebenso alles daran legen, diesen unliebsa-
men Journalisten endgültig loszuwerden. Bedauerlicherweise
gibt es genügend Beispiele dafür.

Z.B. Russland, das traurige Berühmtheit erlangte, nachdem mehrere kritische Journalisten auf besonders mysteriöse Art und Weise ums Leben kamen; oder ebenso das korrupte Malta, ein Geld-
wäsche-Paradies, mit wohl den hinterhältigsten Beamten, die
man sich vorstellen kann. Ihr Auskommen wird mit blinden
Wohnsitzen und falschen Pässen ergaunert. Wer die Adressaten
sind, braucht man wohl kaum erwähnen [32].

Beherzte Berichterstatter schweigen nicht. Sie setzen sich unterschiedlichen Gefahren aus, um das Volk aufzuklären.

Alle, die Schweigen, sind genau genommen Nestbeschmutzer;
denn letztendlich bringen sie das eigene Nest in Verruf. Auch
jene Bürger, die mehr wissen und dennoch nicht den Mund auf
machen. Zumindest sollten sie gemeinsam, eine friedliche und
öffentliche Lösung finden, um aufzubegehren.

Die Welt wurde geschockt, nachdem gewissenhafte und mutige

---

[32] Selbstverständlich jene Verbrecher, die sich verstecken müssen, oder ihren ergauner-
ten Reichtum sichern müssen – ein kleines korrupte Land, bestens geeignet für Kriegs-
verbrecher, Wirtschaftsbetrüger, Mafiamitglieder, tyrannische Oligarchen usw.

Bürger ihren Kindern nicht nur zuhörten, sondern ihnen Glauben schenkten. Diesen „Nestbeschmutzern" ist es zu verdanken, dass endlich sexueller Missbrauch zu einem öffentlichen Thema wurde und Taten folgten. Einfach war das für die Betroffenen nicht. Denn der Widerstand der mächtigen Organisationen war natürlich groß (wie z.B. Militär, Ordensgemeinschaften, Schulen, Heime).

Obendrein schrecken die Verantwortlichen nicht davor zurück den Gepeinigten zu drohen. Die zynischste Rolle vertraten dabei religiöse Gruppierungen. Der oberste Hirte im Vatikan verweigerte vorerst jede Zusammenarbeit. Zudem besaßen diese Priester auch noch die Frechheit, ihre schrecklichen Taten vehement zu leugnen. Erst als die Rufe der Opfer immer lauter wurden und sich vermehrten, geschah das Wunder. Die Kirche konnte nicht mehr leugnen, jetzt mussten sie reagieren. Zögerlich, aber immerhin.

Die uneingeschränkte Macht der Theologen, ihre Unantastbarkeit, erlaubte den stillschweigenden (Jahrtausende anhaltenden) Missbrauch vieler Kinder. Nestbeschmutzer schafften es letztendlich, diese Tragödien offenzulegen. Die Betroffenen waren im doppelten Sinn zu Opfern geworden. Die Mutigen unter ihnen, die sich nicht den Mund verbieten ließen, erlebten nicht nur Pein, sondern zudem den Hohn der Gesellschaft.

Allgegenwärtige Bigotterie (tradierte Scheinheiligkeit) in Gemeinden, führte dazu, dass Tatsachen einfach abgestritten wurden. Nochmals wurden die Opfer gedemütigt, indem übereifrige Gläubige einfach wegsahen und sich solidarisch auf die Seite der Täter stellten. Solchen Verhaltensweisen begegnet man in den unterschiedlichsten Organisationen – nicht nur im religiösen Zusammenhang. Die treibende Kraft ist falsch verstandene Verbundenheit und allgemeine Geheimhaltung.

Sprich: Alles unter den Tisch kehren, ja nichts zugeben.

Gegen den Aufstand der Opfer hatten die Schänder letztendlich verloren. Jetzt gab es für die Täter kein Zurück mehr. Sie mussten ihre verruchten Handlungen zugeben. Das Ausmaß von Missbrauch erregte nun große Aufmerksamkeit. Es ist an den Opfern sich zu wehren. Sie müssen zusammenstehen und sich gemeinsam gegen Unrecht oder Ungerechtigkeit erheben [33].

Wären die Menschen gemeinsam gegen ein korruptes System vorgegangen, z.B. während der Judenverfolgung im 3. Reich, hätte es womöglich nie Konzentrationslager oder rassistische

---

[33] Ein wunderbares Beispiel friedlicher Auseinandersetzung mit ungerechten Gesetzen, war der große Aufstand gegen den § 218. Berühmte Frauen traten in die Öffentlichkeit und bekannten sich zur Abtreibung. Diese Präsenz zwang die Politik dazu, das Gesetz zu ändern. Gemeinsam ist man stark! Heute werden klammheimlich Hebammenstationen in Städte verschoben, sodass Frauen aus den ländlichen Regionen auf sich alleine gestellt sind. Was man sich wegnehmen lässt, kann man meistens sehr schwer wieder zurückholen!

Verfolgung gegeben. Doch leider versteckten sich alle lieber hinter ihren Mauern und taten nichts. Man kann nur hoffen, dass wenigsten heutzutage gegen rassistische Übeltäter vorgegangen wird. Die Bürger jetzt den Mut haben ihren Mund aufmachen bzw. hinsehen, was vor ihrer Haustüre geschieht.

Zumindest hat sich gegen den Missbrauch von Schutzbefohlenen einiges getan. Dieses Tabu ist gebrochen. Weitere Schutzmaßnahmen müssten folgen. Im Gruppenzwang kann falschverstandene Solidarität gegenüber Tätern zu den schlimmsten Missetaten führen [34]

Beispiele dafür gibt es zahlreiche:

- Abu Ghraib (ein Gefängnis der Superlative - jedoch kein Einzelfall). Hier wurden die Gefangenen schwer misshandelt, gefoltert und gedemütigt[35].

- Militäreinrichtungen, Burschenschaften, sowie Bündnisse aller Art. Solche Einrichtungen verführen zu unsinnigen Ritualen, welche einigen Anwärtern schon das Leben kostete.

- Der Vatikan und die kriminellen Machenschaften. Hierzu gehören nicht nur der reihenweise Missbrauch von Kindern,

---

[34] Wegschauen, verharmlosen und Taten billigen, hier beginnt missverstandene oder bequeme Solidarität.

[35] Das Stanford-Experiment lässt grüßen.

ebenso Korruption, mafiaähnliche Strukturen und unrecht-mäßige Bereicherung.

- Alle Diktaturen auf der Welt. Hier werden systematisch Regimeaufklärer verfolgt, verhaftet, gefoltert und ermordet.

- Tiervernichtungsanlagen (s. Holocaust der Tiere)

- Vereinigungen und Verbände (alle möglichen Zusammenschlüsse, deren Mitglieder aufeinander eingeschworen sind) usw.

- Finanzielle Unregelmäßigkeiten, wie bereits in den vorangegangenen Kapiteln ausführlich diskutiert (z.B. Spendeneinnahmen, wie der Rote-Kreuz-Skandal)

- Mobbing und Gruppenzwang führen zu verschworener Verschwiegenheit (z.B.: Altenpfleger/-in, welche Rentner in Altenheimen entrechten und misshandeln; Internetmobbing, wozu die Diffamierung und verächtlich machen unliebsamer Personen zählt; usw.).

Am bedrohlichsten sind geschlossene und abgeschiedene Einrichtungen; denn hier kann unbemerkt Willkür und Machtmissbrauch in die Tat umgesetzt werden (s. Heime für Kinder, psychiatrische Anstalten, Bildungseinrichtungen, Altenheime,

Schlachthöfe, Gefängnisse usw. [36]

Im Verborgenen lässt sich manche Übeltat unter den Tisch kehren. Es bekommt ja niemand etwas mit. Dazu gesellen sich der Gruppenzwang und die auferlegten Hierarchieebenen, denen sich alle aus Angst unterwerfen.

Spontane Beispiele wären:

- Hospitäler und ihr Personal, welche den Pfusch am Menschen vertuschen [37];

- in Seniorenheimen herrscht Autorität und Gewalt;

- der unerlaubte Gebrauch der Daten von Interessenverbänden;

- die Verunglimpfung von Menschen in den Medien und Internetforen (s. Facebook und Co.);

- der eigennützliche Umgang von Steuergeldern;

- die allgegenwärtige profitorientierte Pharmaindustrie (deren Dienst nicht dem Menschen gilt, sondern lediglich der Gewinnmaximierung) die Liste kann beliebig weitergedacht

---

[36] Das berühmte und verfilmte Standford-Experiment zeigt uns, was für eine Bestie in uns wirken kann.

[37] Der Tod wird in Kauf genommen – aus einem humanen Gedanken wird eine „Humanindustrie", welche sich nur noch am Gewinn orientiert – wer gut zahlt, ist König im Reich der Kliniken.

werden.

Es regieren Machtverhältnisse, welche unmöglich überschaubar sind und terroristische Erscheinungsformen aufzeigen. Abu Ghraib ist eine dieser Einrichtungen, in denen Zustände herrschten wie im Dritten Reich. Nur wenige entkamen (und entkommen) diesem Gruppenzwang.

Sobald Verbände, Vereine und weitere Zusammenschlüsse unüberschaubar werden - Bündnisse wichtiger sind - besteht die Gefahr falscher Solidarität sowie Korruption und Selbstbedienung. Wer sich gut anpassen kann, kommt voran, wird befördert und erhält einen besseren Posten. Und so geht das Spiel zielgerichtet immer weiter.

Die „Whistleblower" (Nestbeschmutzer) unserer Zeit, sollten keine Angst haben müssen die Wahrheit ans Licht zu bringen. Ist das Demokratie, wenn der Staat, Behörden oder andere große Unternehmen, Willkür walten lassen? Wenn Missstand oder Verschwendung aufgedeckt werden, ist es das Recht des Bürgers, diesbezüglich informiert zu werden.

Erwähnt werden muss allerdings auch die Frage: „Was nützt z.B. die schwarze Liste der Steuersünden, wenn keine Konsequenzen darauf folgen?" Wir wissen, dass Kinderarbeit floriert, dass sexueller Missbrauch stattfindet - aber was nutzt allen diese Erkenntnis, wenn dagegen nichts unternommen wird. Hier offenbaren sich die laschen Gesetze. Das gilt nicht nur für europäische Verhältnisse. Die Ausbeuter fühlen sich enorm sicher und haben kaum Angst vor Verfolgung. Stattdessen werden die Umsichtigen gejagt und verfolgt. Von den „korrumpierten Nutznießern" werden die Couragierten bedrängt. Denn die Wahrheit soll natürlich ein Mysterium bleiben. Seltsame Welt.

Es werden viele Whistleblower und Nestbeschmutzer benötigt, um routinierte menschenverachtende Vergehen zu stoppen und moralisch verwerfliches Verhalten aufzudecken. Deren recherchierten (belegbaren) Beweise decken die Wirklichkeit auf. Es bedarf ebenso etliche Nestbeschmutzer in den unterschiedlichsten Organisationen. Jene, die den Mut haben, kriminelles und menschenverachtendes Tun offen anzusprechen.

Unberücksichtigt darf nicht bleiben, dass es wichtig wäre mehrere Zeugen (Geschädigte, Diskriminierte etc.) ausfindig zu machen. Gemeinsam ist man mutiger und kann versuchen, das Fehlverhalten zu beweisen und zu veröffentlichen. Viele Opfer glauben oft, sie sind alleine. Doch dem ist nicht so. Täter belassen es nie mit einem Einzelfall. Ihre Besessenheit zwingt sie zu routinemäßigen Handlungen.

Traut euch, sprecht die Dinge an, sucht Vertrauenspersonen auf, die weiterhelfen könnten. Je mehr es dieser innovativen „Aufklärer" gibt, desto selbstsicherer wird das Aufbegehren der Opfer.

Die Hoffnung stirbt zuletzt –
möge dies wahr sein

In diesem Sinne bin ich guter Dinge, dass „zukunftsorientierte Aufklärung" gelingen könnte. Einer selbstbewussten, informierten, aktiven Generation traue ich es zu, mehr für Tier- und Menschenrechte zu bewirken. Sie sind größtenteils (zumindest in Europa) ohne Gewalt und Krieg aufgewachsen. Sie haben gelernt, mutig zu sein, sich aufzulehnen und aktiv zu werden. Auch wenn der Umgang mit Medien noch etwas kritischer eingeübt werden müsste, bedeutet das aber nicht, dass es dieser aufgeweckten Jugend nicht gelingt, mit Besonnenheit ihre Zukunft zu gestalten.

Die Aktivitäten gegen die Umweltpolitik zeigen allen, dass man sich friedlich Gehör verschaffen kann, um neue Wege zu gehen. Die Anschuldigungen an Industrie, Wirtschaft und Politik sind sehr wohl berechtigt. Ihre gemeinschaftliche Habgier führt letztendlich dazu, aus Menschen eine desinteressierte Bestie zu machen, die glaubt unbezwingbar zu sein. Vor allem aber schüren sie, mit ihrer wachsenden Unglaubwürdigkeit, eine neue nazistische Gruppierung an, welche eigentlich ausgestorben sein sollte. Profitgier und Ignoranz zeigt hier ihr wahres Gesicht.

Wie Schreckgespenster sitzen diese Herren und Damen der Wirtschaft und Politik in ihren erhabenen „Schlössern der Macht" und scheuen es nicht, Kinder für ihre Dekadenz zu missbrauchen. Europa sorgt dafür, dass Ausbeutung weiterhin gelingt, dass Menschen - egal welchen Alters - niemals eine Chance haben werden ein besseres Leben zu führen.

Aber Umweltschutz kann nur gelingen, wenn alle sich diesen leisten können und alle mitmachen.

D.h., wenn

- Menschen nicht am Hungertuch nagen müssen,

- Kinder nicht mehr für ein Butterbrot als Sklaven für die scheinheiligen Anzugträger schuften müssen; sondern eine Ausbildung machen können,

- Umweltschutz auch die Tierwelt mit einbezieht,

- das Zusammenspiel aller, als großes Ganzes betrachtet wird.

Es müssen Lösungsvorschläge gemacht werden - auch von den vielen Aktivisten. Diese Anregungen sollten alle wirtschaftlichen, sozialen und politischen Blickwinkel beinhalten. Jede Tätigkeit ist ein Schritt nach vorne, darf aber hier nicht enden. Ansonsten wird dieses Tun nutzlos und überlässt das Handeln wieder denjenigen, die diese katastrophale Situation erst begonnen haben. Das wäre widersinnig. Detailliert Initiativen sollten folgen, um allen gerecht zu werden und Unterjochung, als auch materialistisch orientierte Vermarktung endlich zu stoppen.

Umwelt bedeutet, alles im Blick zu haben und zu behalten. Denn die Außenwelt besteht nicht nur aus reiner Luft und endet vor der Haustür – es ist das große Ganze, das Zusammenspiel aller. Ein gesundes Ökosystem kann nur gewährleistet werden und gelingen, wenn Menschen nicht als Ware betrachtet werden und Kinder nicht für ein Almosen ihre eigene Gesundheit aufs Spiel setzen müssen. Die „Diebe und Mörder der Neuzeit" sollten, für ihr widerliches Handeln, drastische Geldbußen zahlen müssen und belangt werden können.

Damit meine ich, der Profit den diese Menschen ergaunert haben müsste voll und ganz zurückgezahlt und für humanistische Konzepte eingesetzt werden. Aber auch hier braucht es einen verlässlichen Überwacher, der darauf achtet, dass sich nicht wieder die Sklaventreiber (in Regierung und Wirtschaft) sich Vorteile verschaffen, sondern die Gelder beim Volk ankommen. Gesetzte müssten dementsprechend umgearbeitet und neu arrangiert werden. Diese juristischen Grundlagen sollten schließlich immer noch der Garant für Gerechtigkeit, Recht und Ordnung sein.

Deshalb müssen Menschenrechte an erste Stelle treten, bevor überhaupt an Umwelt gedacht werden kann. Es nützt alles nichts, solange Europa andere Länder ausplündert und sich bereichert. Das Unrecht dieser Welt muss beseitigt werden.

Mit Herz und Verstand zu walten ist eine der unentbehrlichsten Zielsetzungen. Gewalt, Ausbeutung und Diskriminierung sollten ein Auslaufmodell vergangener Zeiten sein. Die „alte Generation" hat es nicht geschafft, so bleibt es Aufgabe der nächsten Generation besser „zu Hören und zu Sehen" und mit dem Herzen zu denken, um dem Leid ein Ende zu setzen. Respekt, Besonnenheit, Barmherzigkeit, Friede und Freiheit sollten die Maxime der Zukunft werden.

Mögen diese neuen Wege (Absichten) auf allen Bereichen Erfolg haben. Ein neuzeitliches Denken für mehr Akzeptanz und Rücksichtnahme gegenüber allen Geschöpfen dieser Erde. Die Abkehr vom „Homo crudelis" würde die Geschichte verändern und zukünftig eine neue Epoche eines humanistisch ausgerichteten „vernunftbegabten Menschen" beschreiben.

Mehr noch gilt das hinsichtlich der noch vor uns liegenden Expeditionen ins dunkle und sternenbehangene Nichts. Es ist wünschenswert, dass Entdecker neuer Welten die Geschichte in ihrer Grausamkeit nicht wiederholen. Es bedarf besonnener, vernunftbegabter, mutiger, toleranter und neugieriger Weltraumpiloten, welche ihrer besonderen Aufgabe bewusst sind. Menschen, die zu Ehren des Menschen wirken und nicht zu deren Schande.

Eine Vision, die hoffentlich eines Tages Wirklichkeit wird:

Der **„Homo crudelis"** bleibt zurück,

der wahre **„Homo sapiens"** erschließt neue Welten.

In seinem geistigen Gepäck die Erkenntnis der Ahnen.